亀井南冥小伝

河村敬一

花乱社

装丁／design POOL

亀井南冥像（能古博物館蔵）

はしがき

福岡市西区姪浜にある福岡市立福岡女子高等学校のすぐ側にある渡船場から、市営渡船で能古島《のこのしま》に渡ることができる。その能古島は、本書の主人公である亀井南冥《なんめい》（一七四三〜一八一二）と深く関係している。能古島の渡船場に着き、左手のやや小高い丘を登れば、そこに能古博物館がある。この博物館は亀井南冥を顕彰するためのものであり、博多湾を臨む丘陵に建てられ、落ち着いた雰囲気の中で、人々の心を癒やしてくれるような場所である。

同じく能古渡船場を目指して国道二〇二号線から北へ行き、福岡市立姪北小学校を右手にして途中から左折すると、住宅地の中に南冥生誕地の碑のある場所に行くことができる。

また、博多湾の北部に位置する志賀島は「金印」が発見された場所であり、現在では金印公園が整備されており、その由来を知ることができる。その金印を鑑定したのが南冥であった。この金印に疑問を持つ見解があるものの、彼の『金印弁』には学者としての見識とも言える内容があるのも事実である。小説家童門冬二の『偉物伝《えらぶつでん》』には、金印を鑑定した南冥が最初に出てきて、発見から鑑定までの読み物として興味を引く素材を提供している。特に、郡《こおり》奉行の津田源治郎との遣り取りにはおもしろいものがある。

さて、私がこの南冥に興味・関心を持つようになったのは、博多（福岡）の儒者である貝原《かいばら》益軒《えきけん》（一六三〇～一七一四）に触れた際、益軒の著書を読み、益軒の思想について少しではあるが述べたことがある（拙著『東洋思想のなぐさめ』創言社、二〇〇八年）。もう一人、全国的ではないものの江戸時代の中期から後期にかけて活動した南冥についてはあまり知られていないことから、地域の人以外にももう少し知られていいと思ったからである。修猷館《しゅうゆうかん》は高校として名を残しているが、甘棠館《かんとうかん》を設立した南冥についてはそれほど知られてはいないのではなかろうか。福岡藩にこの二校が藩校として同時期に設立されたのも、全国的には稀な出来事である。ましてや藩校の必要性をいち早く進言した南冥こそ、もっと知られるべきではないのか。修猷館より一週間程早く設立された甘棠館、そしてその祭酒《さいしゅ》（館長）である南冥を知り、郷土の人物から学ぶべきものは多いのではないか。このような思いもあって、南冥への思いは強くなってきたと言ってよい。

しかし、調べていくと、益軒などについては数多くの文献を見受けることができるのであるが、南冥についてはほとんど次の二著しかなかった。高野江鼎湖著『儒俠亀井南冥』（一九一三年）と荒木見悟著『亀井南冥・亀井昭陽』（一九八八年）である。特に、前者は大正時代

志賀島・金印公園より能古島を望む

に出版されており、今日では読むのにかなり苦労する。後者は研究者による著作で、長子昭陽《しょうよう》（一七七三〜一八三六）も詳しく論じられている。南冥研究にとっては基本文献であるとともに、南冥と島田藍泉《らんせん》との交流は重要である。本書の執筆にあたっては、この二著に多くを依拠している。

　また、研究書ではないものの先述した童門冬二の『偉物伝』、さらには時代小説ではあるが葉室麟の『霖雨《りんう》』（広瀬淡窓と弟を中心とした歴史小説）くらいであろうか。それ以外は研究論文のみで、目につきにくい。そこで、もう少し一般的に南冥の人生を取り上げたものが必要ではないかと思い、文献をもとに彼の生涯を概観してみたいという思いが生まれた。現在の能古博物館の前身である秋月の亀陽《きよう》文庫をかつて訪れた際、ますますもってその必要性を感じてきた。

こうして、江戸期の一儒者ないし医者である南冥への思いが増していく中、もう少しわかりやすいかたちでその生涯と学問について叙述してみたいと思うようになった。その結果を発表して、多くを知っていただければと思う。

今日の日本における政治社会の混迷にあって、政治は学問であり、学問をすることこそ政治の要諦とする南冥の生きざまにふれ、できればその精神を踏まえてみるのも重要なことであろう。時代や状況などの違いはあるとしても、どのような人生であろうとも、今日の私たちに必要な指標を、一人の人物から学んでみたいものである。江戸期の日本における多くの学者たち、また地域に根ざし、生きてきた人物を辿ることは、決して無駄な作業ではないだろう。南冥の晩年は不遇と言えなくもないが、彼の歩んできた生涯は、一人の学者としての人生に「人間としてのあり方生き方」を見ることができるのではないだろうか。

人物及びその思想を研究することにはかなり難しいものがあると言えよう。福岡県内の江戸期の学者としては貝原益軒をはじめ、安藤省庵《せいあん》、青柳種信《たねのぶ》、伊藤常足《つねたり》、青木興勝《おきかつ》等々もいて、その生き方や思想には考えさせられるものがある。人と思想は、私たちに何らかの示唆を提供してくれるとともに、それらを手掛かりとして自らのことを考えてみるのもよいのではなかろうか。

思想の研究とまではいかなくとも、人として生まれ、死する中で、私たちの日々の生活において「人間としてのあり方生き方」を考える素材を南冥もまた与えてくれる。学問並びに文芸に優れた足跡を遺した姿に私たちも触れることで、同じ人生を歩むわけではないが、探求してもよいのではなかろうか。南冥に仮託して自らの「あり方生き方」を探し求めてみてはどうだろうか。

本書の成り立ちについては「あとがき」に譲るとして、本書を通して南冥の生きざまの一端を知っていただければ幸いである。

本書は、すべて巻末に記した引用・参照文献をもとにした叙述だけに、それぞれに引用・参照ページも記さず失礼であると思うが、ご寛恕《かんじょ》をお願いしたい。また、多くの方々のご協力にも感謝するしだいである。

〔付記〕本書原稿の整理をしていた段階で、二〇一三年一月に、南冥六世の孫にあたる早船正夫氏の『儒学者 亀井南冥・ここが偉かった』（花乱社）が出版された。早速、通読させていただいた。同様な記述を発見できたことと、参考になる点も多々あった。小著と早船著との違いは、早船氏では南冥の主著『論語語由』と渋沢栄一の『論語講義』について詳細で、『論語語由』の整理・伝播・体裁・様式・解釈の近代化などについて多くの叙述が見られる。

小著では、南冥の生きざまがわかるようにした点で、その人生に多くの焦点を当てたことくらいであろうか。

文献引用について

一　一部例外を除いて、引用・参照した文献は巻末に一括して記載し、一つひとつには出典を示さなかった。ご了解をお願いしたい。
二　片仮名混じりの文章は平仮名使用に改めた（特に、『金印弁』や広瀬淡窓の著述）。
三　漢字の一部を常用漢字に改めた。
四　「南溟」とあるものを「南冥」に変更するなど、一部表記を改めた。
五　古文書特有の文字は、ゞ（々に同じ）を除き、現代的な表記に改めた。

亀井南冥小伝❖目次

亀井南冥小伝

一

生い立ちと学問形成期

一・一——父の亀井聴因

亀井家系譜から見ると、もともと亀井姓ではなくて、福岡市近郊の怡土《いと》郡三雲《みくも》村（現在、糸島市）の生まれである三島新八であることから、三島姓であった。教圓《きようえん》（東屋新八、東屋は屋号）とも名乗っている。その末子《まつし》にあたるのが、南冥の父亀井聴因《ちよういん》（一七〇三～八〇）であり、聴因だけが亀井姓を名乗ったということになる。

亀井聴因は、諱《いみな》は鑒《かん》、字は処静、自らは千秋翁と号した（南冥は『千秋翁行状』を著している）。日常は農業を営み、よく家族を助けていたという。幼い頃より俠気が強かったといわれ、十五歳の時、このまま変化のない生活を送ることを嫌って、医者になることを決意した。そこで、ある医者につくことで、中国元代の医師である李東垣（一一八〇～一二五一）、朱丹渓（一二八一～一三五八）の医学を学び、さらに藩医であった鷹取氏に師事することとなった。一七二六（享保十一）年、二十三歳の時には、姪浜《めいのはま》（現在、福岡市西区姪浜）に出て行き、医者としての診療を始め、その住まいを「忘機亭《ぼうきてい》」と名づけた。医業を営んでいる中で放縦することを自らもよしとし、素行はあまり良いものではなかった。その後、井上姓（現在、井浦姓）の徳《とく》を娶《めと》ることになり、二男三女をもうけた。その長男が南冥（第三子）、弟が曇栄《どんねい》（第四子）である。

聴因はあまり学識が深くなかったが、妻の徳は文を読み、和歌を詠じ、書をよくしたとのことで、この感化を受けるとともに、生来の負けず嫌いと努力によって僧西山につき学問の世界に入っていった。これにより素行が変わっていき、書生を愛し、医業に精励したのである。貧者らの治療の依頼にはかえって銭穀《せんこく》（金銭と米穀）を与えるなどしたことから、郷土の人々は聴因を畏敬し、篤術仁術の人となったという。

これを裏づけるようにして、広瀬淡窓（一七八二〜一八五六）の『儒林評』では次のように述べている。

南冥の父を聴因という。筑前姪浜の人なり。少き時游俠を好み、飲博無頼の徒に交りしが、忽然として節を改め、書を読みて医となれり。聴因、豪邁不羈《ふき》（自由にふるまう）の性なる故に、儒においては徂徠《そらい》を喜び、医においては艮山《こんざん》を喜ぶ。是において肥前の僧大潮、徂徠の説を伝えしと聞き、南冥幼年の時より、之れに従つて儒を学ばしむ。

亀井南冥生誕の地（福岡市西区姪浜）

聴因が儒学と医学を学んだこと、南冥が徂徠学を学んだことのわかる一文である。

中でも、当時、江戸にあっては最も注目されていた荻生徂徠（一六六六～一七二八）の古文辞《こぶんじ》学派、つまり徂徠学派（蘐園《けんえん》学派ともいう）が天下を風靡していた。徂徠は柳沢吉保（一六五八～一七一四）に仕え、赤穂浪士の事件では断罪することを主張した人物として有名である。彼の儒学は「経世済民」のための学であり、政治と道徳を分離独立させたことに特徴がある。すでに徂徠は亡くなっていたが、太宰春台《しゅんだい》（一六八〇～一七四七）、服部南《なん》郭《かく》（一六八三～一七五九）、平野金華《きんか》（一六八八～一七三二）、宇野明霞《めいか》（一六九八～一七四五）、山県周南《しゅうなん》（一六八七～一七五二）ら高弟たちが活躍していた。徂徠の学風は広範囲にわたり流布していたのであり、聴因はその学問の影響を受けたと思われる。

徂徠学を身につけた僧大潮（月枝《げっし》元皓《げんこう》、一六七八～一七七〇）が京より帰郷する際、聴因は大潮に会い、礼をもって接し、共に語り合ったというが、まだ当時は一医生にすぎなかった。

儒者としては荻生徂徠を慕い、医師としては後藤艮山（一六五九〜一七三三、諱は達、字は有成、俗称在一郎）を敬っていた。また、南冥とも深く関係する永富独嘯庵《どくしょうあん》（一七三二〜六六、後述）とも交わっており、僧西山に従学したり、同じく僧若拙《じゃくせつ》に南冥や曇栄を学ばせたりした。

当時の学問の主流派は、何といっても朱子学であったが、聴因が徂徠学に触れ、詩文をよくしたという点では、その後の亀井一門の学問（亀井学・亀門学）の流れが徂徠学派として定まったと言うこともできる。

聴因の医学は古医方《こいほう》（経験を重視して、効果あるべき処方を採用する医学）と呼ばれるものであるが、その学問も古学であったことから誹《そし》りを受け異端であるとされていたものの、平生にあってはその境遇に負けることはなかったという。『医訓』の著作に着手して、昼夜を通して読書したとのことである。かなりの労苦を自らに課したことが失明（六十七歳の時）につながったようである。

聴因の人となりについては、南冥が『千秋翁行状』において「先考人と為り傀梧《かいご》（体が大きく立派であること）、深目高鼻にして美鬚髯《しゅぜん》（ひげとほおひげ）あり、これを望めば儼然《げんぜん》（おごそかでいかめしい）として人敢えて狎《な》れず、節義の知性微《かすか》にも衒飾《えんしょく》なし」と記している。聴因は若くして博徒などと交わって放縦の世界にあったというが、晩年はそのようなこともなく、臨終の際にも死期を悟ったのか口を清めるためにうがいをし、南冥の『論語』の講義を聞こうとして端座して息を引き取ったとのことである。蔵書も一万巻に達していたという。彼をして「君子人」という者もあり、永富独嘯庵にあっては「乱世の偉器」と呼称しているほどである。

聴因は一七八〇（安永九）年五月十三日、七十七歳で没した。姪浜に居を構えてから、実に五十余年の歳月を経て、浄満寺（現在、福岡市中央区地行西町）に葬られるが、会葬する者も多く、多くの人々に慕われるところがあったという。

一・二――南冥という名

亀井南冥の名前について、ここで少し述べておくことにしよう。諱（名）は魯、字は道載あるいは道哉と書し、道哉を仮名書きで「みちや」と書くこともあった。通称は主水、号が南冥である。晩年には「信天翁」または「狂念居士」、「苞楼」などの号を用いており、別号して「百道真人」（百道《ももち》は福岡市早良区にある地名）ともいい、さらに、雅印には「東西南北人」を用いている。師大潮の字でもあった「魯寮」、「西溟」に似ていることがわかる。その多くの名前の使い方の中でも、「魯」と道載の「道」については、「魯一変せば道に至らん」の古語から来ているとされた。また、「南冥」というのは、『荘子』内篇逍遥遊第一から来たものでもある。

今、その一部を見てみることにしよう。

北冥に魚あり、其の名を鯤《こん》と為す。鯤の大いさ其の幾千里なるかを知らず。化して鳥と為るや、其の名を鵬《ほう》と為す。鵬の背、其の幾千里なるかを知らず。怒して飛べば、其の翼は垂天の雲のごとし。この鳥や、海の運《うご》くときすなわち将《まさ》に南冥と徙《うつ》らんとす。南冥とは天池《てんち》なり。

このように、「北冥」が北の果ての海を意味するように、「南冥」とは南の果ての海ということで、その果ての海とは天の池であるということから考えると、「南冥」という名前は、途方もないほどの広さを持った意味であることがわかる。いわば、その南の果ての海ということからすると、度量の大きい人物ということになろう。こうした名前の由来からして、南冥の一生は、波瀾にみちた生涯とも言える。

「南冥」という雅号を名乗るようになるのは、彼が二十二歳の頃（一七六四年）からであるといわれる。二十一歳の時、一七六三（宝暦十三）年に朝鮮通信使との交流の際、朝鮮通信使の成龍淵の詩の中に「南溟万里論人物」という一節を見ることができる。

道是終軍英妙時　道（道哉つまり南冥）は是れ　終軍の英妙《えいみょう》の時
一嚢真訣破群疑　一嚢《いちのう》の真訣《しんけつ》（まことの道）　群疑《ぐんぎ》（多くの人の疑い）を破る
南溟万里論人物　南溟　万里　人物を論ずる
才学如君更有誰　才学の君の如きは　さらに誰か有らん

この詩の「南溟」という語に注目すると、この詩句が与えられた後に「南冥」ということになるのであろう。彼の才能を認めた詩である。

この間のことを、豊後（大分）日田の儒者で、私塾咸宜園《かんぎえん》において多くの門人たちを輩出し、南冥の下で学んだことのある広瀬淡窓は、『儒林評』で述べている。

南冥二十一歳の時、朝鮮聘使《へいし》来り、暫く筑に止れり。南冥行いて見え、之と贈答筆話す。韓使大いに其の才を奇とし、夫れより東都に至る迄、途中にて諸儒と筆話する時、必ず筑に亀道載あることを知れりやと問ふ。是によりて其の名一時天下に伝播せり、其筆話を録せし書を、『泱泱余響《おうおうよきょう》』と云うよし。

一・三――学問形成期の交流

南冥の学問の形成に当たっては、父聴因の影響がある。先述のように、聴因が徂徠学に触れていることからわかるように、南冥自身の学問は徂徠学であり、まさしく古文辞学としての内容は終始変わらぬところであった。そして、多くの師との交流がますます南冥の学問を深化させていったと言ってよい。家庭における教育は若拙の影響が、そして遊学（外遊）して第一の師が大潮であり、吉益東洞《よしますとうどう》、続いて最も影響のあったのが永富独嘯庵である。広瀬淡窓の記すところでは、「南冥十四歳の頃、父の聴因の命で大潮に儒学（古文辞学）を学び、後二十歳で医術（古医方）を大坂の永富独嘯庵に習い、勉学は猛烈で人々を驚かせた」とのことである。

そこで、少しばかり南冥の師について述べておこう。

若拙

赤石藩の儒官梁田蛻巌《やなだぜいがん》（邦美、一六七二～一七五七）に詩を学んだ。安芸国香林坊の住職であり、筑前岡邑《おかゆう》の人、名は宗朗、号は香山、国水居士と称した。その人となりは鋭敏、すなわち才知に優れていて、書を好んだとのことである。また、僧侶でもあることから親鸞の教えを伝え広めようとして、『香山《こうざん》』や『大経删註《だいきようさんちゆう》』などを著した。

大潮

聴因自らが南冥を連れて学ばせた人物であり、近世九州の漢詩文の大家で、その黄金時代を築き上げた詩宗として最も重要な人物である。南冥が十四歳にして学んだ師だが、どのくらいの期間学んだかは不明である。九十三歳で没した。南冥が学んだ頃の大潮は八十歳であった。南冥の『我昔詩集（編）』において、次のように当時を回想している。

予年十四、始めて門下に従游《しようゆう》せしが、是の時、蘐園能文の士、皆すでに下世《かせい》（亡くなる）して、独り服南郭（服部南郭のこと）あり、公（大潮）と藻（詩人）を東西に振いて、声望頡頏《けつこう》（優劣が決まらない）せしに、潮公八十二にして南郭すなはち卒せり。

大潮は肥前松浦の人。俗姓を浦郷《うらごう》氏といい、名は元皓《げんこう》、字は月枝《げつし》という。仏門に入ることで大潮と名乗った。博覧宏識《こうしき》、詞章《ししよう》（詩歌や文章）を好むといわれている。つまり、学識詩才の裏には年老いるまで午睡《ひるね》すらせずに、一所懸命に学んだということである。そんな中にあって、永富独嘯庵が訪ねてきた際に、まさにうたたねをしていて、年老いたものだと言ったなどのエピソードが残っている。

また、大潮と南冥との関係では、大潮が南冥の詩に和して送った詩にこそ若き南冥の才能を見抜いていたことがわかる。春風とともに南冥の奇才が届くという。

　　柏浦仙郎字道哉　　柏浦《はほ》（福岡）の仙郎　字は道哉
　　春風歳歳問奇来　　春風　歳歳　奇を問いて来る
　　朝昏不見知深住　　朝昏に見ざれば　深く住むを知る
　　蜃気層層吹作台　　蜃気《しんき》層層　吹けば台とならん

大潮が南冥に抱いていた気持ちが伝わる詩である。

この大潮について、淡窓の記述は次のようになっている。

我海西九州の文学は、肥前大潮より開けたること多し。大潮は徂徠より少きこと十三歳。徂徠の弟子には有らねとも、其交親しく、学問詩文、徂徠の説によりて修せし人なり。徂徠没後、其余声天下を動かす。其の風をききて、皆大潮に従て学ひしなり。我郷に僧法蘭・宝月あり。文辞をよくせり。皆大潮の弟子なり。予か幼時より従遊せり。筑の南冥先生、肥の高君秉、黄道符、皆大潮の弟子なり。

吉益東洞

名は為則、字は公言、周介と称す。京に入り、医を業とした。南冥は最初、彼に学ぼうとして訪ねている。しかしながら、理由は定かではないが、すぐに彼のもとを去っている。ただ、東洞は「隠れたる一敵国の如しとは永富氏か、もし死せば将にこの人を以て海内医流の冠冕《かんべん》（首位第一等）となすべし」と言い、自分が亡くなったら永富独嘯庵しかいないと言っているのである。独嘯庵との比較をすると、東洞は三十歳の年上であるが、むしろ独嘯庵の方が優れているとされる。東洞は豪傑蛮勇であっても、豪傑の智がないと言われ、古医方は「蘖孤《げつこ》の祥」と言い、切り株から生じた芽が突っ立ているようなものである、と独嘯庵は評している。

永富独嘯庵

南冥十七歳の頃、僧大同とともに長崎に遊ぶことになる。大同は福岡藩の人で、浄満寺の隣寺である真福寺の性応の子であり、甘木の教法寺の行周の後を継いで、寺の修復、講法に活躍し、『自警録』という自筆の日記を残している。その大同とともに、長崎では高陽谷《こうようこく》（俗称を渡邊忠蔵）に詩の添削を申し出たが、その添削の結果、大潮に学んだことは君らは才子を誤ったといわれ、その尊大さを憎むとともに、豪胆で奇抜なことに驚いたとのことである。

さて、その二年後、再び南冥は独嘯庵に随行して長崎に遊ぶことになるが、その独嘯庵についで述べることにしよう。

永富独嘯庵は、長門赤間関宇部村（現在、山口県下関市）の人であり、聴因の友人である。名は鳳、字は朝陽という。後に鳳介と改めた。本姓は勝原という。一七四三年、十一歳の時、京都に遊学したが、得るところ少なく帰郷して、養父に医術を学んだ。そして、十三歳の時、萩に遊び、医術を井上玄静《げんせい》に学び、経学（経術）を山県周南に学んだ。十四歳で江戸に遊び、名のある医学者を訪ねるのであるが、尊敬すべき師を見出すことができず、かえって利欲に奔走するさまを目撃し、医術に嫌気がさすようにまでなる。

十七歳の時、萩に戻り、同郷の医師である永富友庵《ゆうあん》に見込まれ、永富家に入籍した。医術をとるべきか儒学をとるべきかの煩悶を繰り返すことになるが、京都にて香川修庵《しゅうあん》（一六八三〜一七五五）や一七五四（宝暦四）年に初めて解剖を行った人物である山脇東洋（一七〇五〜六二）らが古医方を唱えるのを聞き、山脇東洋に謁し、一年間、張仲景（後漢代の人で漢方の始祖とされる。一五〇?〜二一九?）の学を修めることになる。二十一歳の時、越前に遊び、奥村良竹《りょうちく》（一六八四〜一七五九）の門に入り、吐方《とほう》（中国医学の一つ）を受け、京都に帰った。そして逆に吐方を山脇東洋に授け、その後帰郷して医療に専念したのである。

二十九歳で家を出て諸州を遊歴した後、大坂に寓したが、南冥が師事するのがこの時であった（一七六三年）。南冥二十一歳。独嘯庵の主著には『漫遊雑記』や『嚢語《のうご》』、『吐方考』がある。一七六三（宝暦十三）年五月、南冥は『漫遊雑記』に序文を書いているし、『嚢語』においては後題を書いている。

まず、『漫遊雑記』の一部を見ることにしよう。独嘯庵先生のこの書が成ることで、この書を閲覧した上で、これを上梓しようと思うとあり、次のように述べている。

> 夫れ天地の広き、品類《ひんるい》の夥しき、四民百伎《ひゃくぎ》（芸や技）の繁滋《はんじ》（入りまじって多い）なる。物有れば則《のり》あり。物は則を待ちて以てめぐる。則は人を待ちて以て成る。則一に成りて物万《ものよろず》に従ふ。これを綜じて之を道と謂ふ。道の物における小にして内なく、大にして外なし。数ありて、不存に存し、機ありて不動にうごく。是において、文字の以て形とるべからざる、言語の以て伝ふべからざるもとよりなり。故に人の道を志す、先づその真を体せんことを要す。これを要するに方あり。要は方を得ざれば毫髪《ごうはつ》千里、その真耗《しんもう》す。その真既に耗すれば、古先の籍百家の言、ひとつも経を救ふて足を引かざる者は無し。

人の道を志して、真理・真実を体得しようとするものがある、と言う。一七六三（宝暦十三）年五月となっている。

独嘯庵とはどのような人物であったか。彼は医術と儒学の両方からその大家であるといわれる。『漫遊雑記』は特に医術についての見識が随所に顕れた著作であり、『嚢語』は儒学の立場から経世の書とされている。前者は漢方医学の古典的な書物である『傷寒論』に対する見解があり、「凡そ古医道を学ばんと欲する者は、まさにまず傷寒論を熟読すべし」、「一の傷寒論を枕にして足れり」というくらいである。そして、そこには人間愛や名利の念を断つ自然の感情が流れている。

人を山野におびやかしてその口腹を養う者、これを賊という。しかしてその人を殺すことを、之を生涯に通計するに、その多きものといえどもまた五十人もしくは百人に過ぎず。方今の医、術拙くして幸に時に行われ、知らず識らず人をそこなうもの、之を日ゝに通計するに三、五人なる者は蓋《けだ》し少なしとなさず、生涯に則ちその幾千人なることを知らず。その心もとより人を害するに出でずといえども、某《なにがしか》をして非命に死せしむるに至りては則ち一なり。その陰悪、かの賊より甚だしきこと無からんや。ああ仁術、果していずくにかある。医を学ぶ者これを如何ぞ、それ畏れかつ勉めざるべけんや。

医は仁術でなければならないのだが、賊となるのでなく、仁術を畏れ、それに勉めるべきである、と述べている。

また独嘯庵は、一七六二（宝暦十二）年には長崎に留学しており、そこでオランダ医学にも触れることになる。オランダでは人間の死体の解剖が禁止されていないことから、人が病死した際に、解剖してその原因を究明し将来の参考にしており、これを記録した書籍が山をなし、志ある者がこれを研究したならば医術の助けにもなるであろう、とする内容が『漫遊雑記』に記されている。合理的な精神、学術究理の態度が窺える。このことは南冥にも少なからず影響を与えているのであろう。

同様に、『嚢語』は社会的・経世的著作であり、全部で五章の構成になっている。

第一章出処では、出処進退がその時を得なければ物事は必ず行きづまる（大丈夫の士、必ず天地と消息す。故に進退其時を得ざれば、則ち事必ず否塞《ひそく》す。出処を作る）。

第二章道術では、治国に携わる者は道術の至極を知らなければならない（治国の士君子、道術の至頤《しい》を知らざるときは則ち貪暴固我《たんぼうこが》なり。道術を作る）。

第三章文武では、利名に激する文武は真の文武ではない。情愛智勇を忘れなければ、利名の心を除くことはできない。利名の心を除かなければその身を忘れることができない（文武の跡あり。文武の真あり。其の真を知らざるときは則ち其の跡に迷ふ。文武を作る）。

第四章将法では、善政を振るうには人を得なければならない。人を務むるの道は己を虚しくするのであって、そうすれば彼我ともに忘れてかえって人材を区別することができる（天下安しといえども武を忘るれば則ち危ふし。士君子の職常にすべからく其道を講明すべし、将法を作る）。

第五章時蔽では、文辞と道とは一体であって、近世の学士は文辞を簡単に考え、体験や思索をしない、これではとうてい道の形をとることはできない（士風の汚隆《おりゅう》は、時学の汚隆よりす。豪傑の士、すべからくその依るところを撰ぶべし。時蔽を作る）、と述べる。

人を欺くことをせず、また己を欺くことをしない独嘯庵の信条が吐露されていると言える。この書の跋文《ばつぶん》において、南冥は次のように述べている。

凡そ豪傑の世に処する。なすことあらずんばあらざるなり。治に文し、乱に武す。則ち為すことあるものの為なり。

吾先生嘯庵、医に東海に鳴るや尚《たつと》し。我亦之を為すあるものと謂わん乎。曰く不《いな》。医は其れ瑣なり。なんぞ術の陋《いや》しきや。果してこれを陋しとせばつひに為すことあるものの為すと謂わざるべけんや。曰く不、拗堂《ようどう》水を覆さば、芥《かい》は則ち舟たり。任も其の任にあらざるなり。任果して其の任にあらざるか。則ち先生の任にあらざるに任じて自如《じじょ》たるものそもそも何ぞや。曰く先生は其れ隠れたり。先生は其れ隠れたり。夫れ道は至大至公、舒《の》べて天に瀰《みなぎ》り、巻て懐にす。行と蔵となり。時と曰い機と曰う。故に人の道に志すや。時を知るより先なるはなし。龍変蝸屈《りゅうへんかくつ》も亦其の時なり。是を以て時、其時にあらざれば、水無きに舟し、漁するもの木に縁《よ》る。子輿《しよ》氏曰く、夫子は聖の時なるものと。賛の至れるなり。嗚呼先生にして匙剤《しざい》自ら楽しみ、以て身を終わらんと欲するがごときものは亦恃《たの》めるところあるか。抑《そもそも》時に怨めるか。時の時にあらざるに安んじて、時の時を知れり。何をか怨み、何をか恃まん。嚢語五編刻なる。豈《あに》河清《かせい》に感ぜるか。然りと雖も、之れ亦言に仮《か》るのみ。焉《いずくん》ぞ以て其の行之意との淵ならんか涼ならんか温々《うんうん》たるものを悉くするたらんや。道は余の知らざるところ。先生の医に隠るることの先生たる所以は余の与《あず》かり知るところなり。よつて謹んで巻末に題し、先生の先生たる所以を知らざるものを覚《かく》すと云うことしかり。其の善く先生を知るものに必ず余が言を味はん。其の知らざるも亦、慍《いか》らざるところなり。

独嘯庵先生の医学は広く東海に知られてはいるが、先生の医学の道を知り、その真髄を知ってほしいとする。南冥がこう述べたのは、一七六三（宝暦十三）年、二十一歳の時のことであった。

独嘯庵こそは、市井にあっては医術を施し、平生にあっては天下国家のありさまを説いた人物であったと言うことができる。このことはのちの南冥の学問所において発揮されていくものがあると言えよう。ただ、独嘯庵の人生は極めて短いものであった（三十五歳で病死）。一七六六（明和三）年、独嘯庵は亡くなるが、この時、独嘯庵の子永富充国《じゅうこく》（九歳）の養育が南冥に託されるのである（充国は後に五島藩の藩儒となる）。また、その十一年後、南冥が三十五歳の時、長府の小田亨叔《こうしゅく》（名は智泰または泰、号は済川、独嘯庵の弟、十四歳の時、兄に伴われて京都に遊学、一七四七～一八〇一）と京都の小石元俊《げんしゅん》（一七四三～一八〇八）とが連絡を取り合い、恩師独嘯庵の墓碑を建立することになるが、南冥は京都の小石元俊宅に泊まり、建碑を依頼するのであった（小石元俊、小田亨叔、亀井南冥をして独嘯庵門下の三傑という。また、ちなみに淡窓は、山県周南、永富独嘯庵、亀井南冥を儒者三傑という）。

　そして、一七七七（安永六）年、南冥の撰による墓碑銘が完成した。その墓碑銘には「……性聡明、沈毅《ちんき》（心落ちつき、意が強い）、人倫の鑑《かがみ》あり、喜んで博く人物に接し、つとめて事情を察す。……人の意表に出づ。……天なんじが才を奇とす、なんぞ数奇なる汪々《おうおう》たる処士、夭寿なんぞ疑はむ」とあり、短い生涯を憂えることなく、すがすがしい一生であったとの賛辞である。

　一七六三（宝暦十三）年の初め、南冥は独嘯庵に師事しているが、福岡に帰って父聴因の還暦の祝いをしている。その時、独嘯庵から寿詩を送られている。

柏江浦上亀先生
言吐如雷斗食軽
六十誕辰何所楽
海西神駿二児名

柏江浦上の亀先生
言吐けば雷のごとく斗食も軽し
六十の誕辰　何の楽しむ所ぞ
海西の神駿　二児（南冥と曇栄）の名

博多の亀井先生の六十歳を楽しむ中で、南冥と曇栄の二児の名をあげ、お祝いとする内容が謳われている。

二

学問の確立期

二・一――朝鮮通信使との交流

一七六三（宝暦十三）年十二月、南冥は朝鮮通信使との交流を果たすことになる。

言うまでもなく、福岡藩にあっては、朝鮮通信使との交流は大切なものであった。将軍の代替わりの時には、朝鮮通信使がやって来て善隣友好関係を結んでいたが、一行が日本に到着する際に、まずはその接待に追われたのが福岡藩である。

通信使の日本への来訪は一六〇七（慶長十二）年からのことであり、徳川秀忠（一五七八〜一六三二）のもとに国交回復の使節が来日し、以後、一八一一（文化八）年を最後に十二回も通信使が来ている。

通信使は、上使・副使・従事官の三使と翻訳官、医員など五百数十人から構成されており、釜山を出発して対馬経由で馬関（下関市唐戸）を目指し、途中の藍島《あいのしま》（相島、糟屋郡新宮沖）で福岡藩士と接見した。一六八二（天和二）年七月九日には、朱子学者として有名な貝原益軒

（一六三〇～一七一四）が朝鮮通信使との交流を行っている。その間のことに少し触れておくと、徳川綱吉が五代将軍となったことから、その祝賀のために通信使が日本に来訪した。この時、福岡藩では藩命を下して、益軒をはじめ貝原好古《よしふる》、門人の鶴原時敏を伴い、鵬冥（朝鮮通信使で李林学士）とが筆談したのである。益軒は、朝鮮最大の儒学者である李退渓（一五〇一～七〇）や李晦斎、鄭夢周、盧守慎、王仁などの学者の業績・著作などについて尋ねるともに、科挙のことについて筆談したり、漢詩の応酬唱和を行ったりしている。この時の様子を翻訳官である金指南は『東槎《とうさ》日記』で、「文人讃美せざるはなし」と益軒のことを激賞しているのである。

その約八十年後、南冥二十一歳の時、十代将軍徳川家治（一七三七～八六）の代となった際、朝鮮通信使がやって来る。福岡藩は藍島で接待し、藩儒らを派遣して詩文などの応酬と筆談をしている。一七六三（宝暦十三）年十二月八日から二十六日までのことである。ただ、益軒は藩儒としての要職にあり一番の交流者であったろうが、南冥は無官の若輩者であって、決して藩命で通信使と会ったわけではない（藩儒で朱子学者井上周道の門弟として接したのではないかといわれている）。この点、誰の紹介によって朝鮮通信使に会うことができたかは推測の域を出ないが、朝鮮通信使との出会いとともに、そこでの応酬唱和は、まさに南冥の名声をあげることになるのである。

南冥は、通信使と接触した際の緊張した心境を、僧である蘭陵に次のように述べている。

韓を迎うるの挙は、実に一時の萍会《であい》なり。何ぞ道《い》うに足るものあらん。ただ海客をして筑に人なしと言わしめざるが、魯《わたし》の分なり。州儒の陋《ろう》、詩文の工拙は、しばらく置く。足州城を出でず、目宋籍に過ぎず、心事情に通ぜず、先王の道の何物たるを知らず、程朱の修心の何の用たるを解せず、事に臨んで恐怯威縮《きょうきょいしゅく》すること、なお狐の狗を見て、逃るるを得る能わざるがごとし。

この朝鮮通信使との交流についての記録は、南冥の『泱泱余響』に見られるものである。この書の冒頭には、南冥と南玉（随従学士、製述官大学士、号は秋月）との間で次のような応酬詩がある。まずは南冥の詩であるが、藍島を仙人の住む島としながら、久しく待ち望んでいた朝鮮通信使の一行に会うことができたという心境が詠み込まれている。

製述官南秋月に寄す　（亀井）道哉（南冥）

一自吾聞鷁首東　一たび吾れ鷁首《げきしゅ》（使節船）の東するを聞きしより
心如旌旆颺秋風　心は旌旆《はた》の秋風に颺《あが》るが如し

何来環珮雲霄外　　いずこよりか来たれる環珮《かんはい》（おび玉）雲霄《くもい》の外
宛在楼台水月中　　あたかも楼台の水月中に在るがごとし
欲見其人無路到　　その人に見《あわ》んと欲するも路の到る無く
空労斯意奈難通　　空しく斯の意を労す通じ難きをいかんせん
今宵仙島聚星会　　今宵こそ仙島（相島）の聚星の会
処士寧当半座雄　　処士《われ》なんぞ半座の雄に当らんや

使節船がやって来るのを聞いて心が動かされると言い、私は会うのが待ち遠しいと詠んでいる。

この詩に対する南秋月の詩は、次のようなものである。

天空西北地無東　　天に西北なく地に東なし
片鷁遙浮五両風　　片鷁《へんげき》（使節船）遙かに浮かぶ五両の風
故国心馳辰極下　　故国に心は馳せ辰極《ほくと》の下
仙家期晩析津中　　仙家期すこと晩《おそ》し析津の中
干今越海無波阻　　いま海を超ゆるに波の阻《へだ》つるなし

振古秦船有路通　古より秦船路の通ずるあり
年似陸機才鮑照　年は陸機（晋の人）に似て才は鮑照（六朝宋の人）のごとし
覇台南畔得詩雄　覇台《はかた》（覇家台＝博多）南畔に詩雄を得たり

待ち望んでいた使節に会うことができた喜びとともに、恐縮したような南冥の詩に対して、詩友を得たことを喜び、互いに友好したであろうことが窺える。

また、従事官書記金任謙（号は退石）には、「席上金退石の病に臥すを慰む」の詩もある。

異郷抱病枕難安　異郷に病を抱き枕安んじ難し
竹壁梅窓烏帽寒　竹壁梅窓烏帽寒し
従是東行君自愛　是より東行す君自愛せよ
烟霞到処足加餐　烟霞《えんか》（ぼんやりと）到る処加餐《かさん》（養生する）するに足れり

異国の地で病となってしまったが、どうかお体を大切に、との情のこもった詩である。

そこで、日を追いながら、どのようなものであったかを垣間見ておこう。

十二月八日、福岡藩が、公式に初めて藩儒と通信使と面会したのがこの日である。藩からの儒者は井上周道、島村秋江、櫛田菊潭《きくたん(しん)》であり、もう一人が南冥である。日本側は予め用意していた自己紹介の文・詩文を差し出すことで、筆談し詩の応酬を行った。成大中（正使書記、号は龍淵）の『日本録槎上録』には、南冥のことを「……医官亀井魯来見す。……魯奇才と唱和するなり」と記している。金仁謙の『日東壮遊歌』には「……その中の亀井魯は、当年とって三十七（二十一歳）というが、その筆遣いはまるで飛ぶが如し、四人中最も優れている……筆才は特に優れている……」と記しており、筆才を特に賞賛している。若い南冥にとっては感激するばかりであったという。

十二月九日、この日の記録は『泱泱余響』にはないものの、通信使側の記録である『日東壮遊歌』によると、南冥は詩集二巻（その一つが『東遊巻（録）』であったようだが、現存していない）を贈ったようで、さらに父親の聴因が還暦を迎えることになるので寿宴詩がほしいということで、四韻律詩を作ってやると躍り上がって喜び感謝したとのことである。

十二月十日、この日の参会者も先の八日と同様であった。筆談は主に日本国内の文人に関するもので、南冥は永富独嘯庵を評価し、彼との面会を勧めたのである。その他にも、長門の瀧弥八、大坂の岡忠蔵、合麗王、葛子琴《くずしきん》（名は張、蠹庵《とつあん》と号し、大坂の人、南冥が高暘谷の門下に出入りしている時の友人）、京都の清君錦、岡白駒、芥元章、彦根の龍草盧などを挙げている。

また、南冥は筆才を賞賛されたが、この日は玄川《げんせん》（元重挙、副使書記、玄川とは号）から忠告されてもいる。玄川が言うには、「文字を書く時は必ず楷書で書くように。詩文を読んだが少々奔放なところが多く、沈着に欠ける嫌いがある。この点も学問に差し障りはないだろうか」と。南冥が答えて言うには「生まれつき客気《かっき》が多く、修養して治そうと何度も致しましたが、まだ良くなりません。……」と。

十二月十四日、この日の筆談では、まず南冥が剃髪していることへの質問で、朝鮮側からすると儒医は髪があるのであって、日本の風俗を聞いたものであった。そして、日本の学問においては荻生徂徠、永富独嘯庵のことであった。特に、独嘯庵の著作『嚢語』をこの日の三日前に送った模様である。さらに、南冥の才能を高く評価していることから江戸まで同行させたいと玄川は言っている。

この日も三人の書記官との筆談と詩の応酬であったし、対馬の役人が食事時になるので帰宅を促したが、通信使側は夕食を共にするよう進めたこともあって許可をもらっている。その時、三使が部屋を訪れ三書記と話をし、三使が帰った後、南秋月は「……三使大人も君のことを愛で、君の詩を見られて、感嘆しておられた。文房四宝をあなたに差しあげようとのことだ」と述べている。

十二月十八日、参会者は南冥のほかに、島村秋江の二人だけであった。

十二月十九日、この日は南冥の単独行動であったとされている。南冥は王維（七〇一頃〜七六一、盛唐の詩人）の詩を唱和することを望み、南秋月、成龍淵が唱和した。玄川は前日に贈られた別れの漢詩を唱和している。ここでは音による漢詩の鑑賞をしており、南冥は「悲韻繞梁《じょうりょう》（歌う声がすばらしくて美しく、余韻がつづく）、始めて三畳断腸の妙を知る」と感想を述べるのであった。

十二月二十一日、南冥は城逸（字は公庸、号は五龍）とともに通信使を訪問し、藍島の山から博多湾を一望し、正使の趙曮も「海を渡って以来、おもしろい情景がなかったが、今日、初めて快活なことを得た」とし、画員にその風景を描かせている。その間、南冥は初めて見る朝鮮行列の鮮やかな色彩と異国の音楽に感動したようで、「明を継いだのは清であるが、その風俗は賤陋《せんろう》（学問がなくあさはか）である。韓の国は一地方国であり、昔は鮮卑《せんぴ》といった。ああ、衣装冠冕《かんべん》（かんむりのことで、礼儀正しい風俗のこと）の制度は中国には見られず、いわゆる鮮卑に見るとは嘆かわしい」と言い、古の古礼・古制が朝鮮に伝わっていることに嘆息している。

十二月二十三日、徐有大（名武軍官、号は中和）より別れに際して詩扇が贈られたことから、南冥は礼状と詩を贈ったようである。

十二月二十四日、悪天候のために出発が遅れていた通信使への最後の面会に南冥は出かけた。ただ、乗船することは対馬の役人に止められ、果たせなかった。乗船を拒否された情景を眼にした通信使は、南冥に手紙を送り再び訪れるよう誘い、通信使側が浜まで出向こうとの好意を示した。これに対して南冥も対馬の朝岡一学と相談するとは言ったものの、結局、実現できなかったようである。

十二月二十六日、早朝、金龍沢（小童、製述官担当）が通信使の手紙を持って来た。「昨日、天気もよく、浜辺で佇み君を待っていたが来られませんでした。……纜《ともづな》が繋がれていましたがとかれようとしています。……今や席を同じくすることは難しい情勢です。しかし、ただ浜辺に佇み、自愛のほどをお祈りしています」というものであり、金龍沢が同行を願う気配から浜辺に向かうのであった。船に招かれて少しばかり話をし、互いに手を握り合い、「明春」と繰り返し口にした。船が出発し、旗を振り、南冥は腰扇を振り、見えなくなるまで振り合ったということである。

さて、朝鮮通信使との関係で淡窓は、次のように記している。

南冥二十一歳の時、朝鮮聘使来り。暫く筑に止れり。南冥行いて見え、之と贈答筆話する時、必す筑に亀道載あることを知れりやと問う。是により其名一時天下に伝播せり。其筆話を録せし書を、泱々余響と云うよし。予は其書を見す。

このような状況だったようで、南冥はこれを機会にますます成長発展していくことになる。一方で無位無官の者が朝鮮通信使と交流したことは、福岡藩にあっては重大な問題を残したようである。つまり、南冥の行動こそが問題でもあったのか（弁明者は一人安生維充こと安井静宇、号は草江散人のみであった。福岡藩の人）、それとも南冥への嫉妬からか、いずれにしても、その後の南冥の廃黜《はいちゅつ》にも繋がるような出来事であった。

二・二――蜚英館の開校

一七六四（明和元）年、南冥二十二歳の時、父聴因とともに姪浜の忘機亭を去り、福岡城下の唐人町に居を移す。父の医業のかたわら、医学と儒学の教授の場として「蜚英館《ひえいかん》（後に南冥堂）」を開校した。

父聴因を中心とするこの蜚英館においては、それほどには学問的な功績は生み出さなかったようであるが、確実に学問所としての様相を持ち、その後の藩校西学問所である「甘棠館《かんとうかん》」に繋がっていくものと考えられる。

蜚英館の蜚英とは「英名を馳せる」という意味である。そして、今で言う学校としての目標なり校則としての「蜚英館学規」があるのであって、そこから開校の目的と内容を垣間見ることができる。

まず、学問の目的が述べられている。それは「民に長たるの徳を成し、世を輔《たす》くるの道を行う」というものであり、文字や文章の意義を説くこと、漢字・漢語の意義に訓を当てていく「義訓」は経典（経書）にそなわっており、その事業は史伝（史書）に存し、子集を参考にこれらを討論し、磨礪《まれい》（学問や技芸に励み、人を練磨すること）すれば、大抵は経典や史伝の資料たらざるはない。しかし、これらは膨大な量に及ぶことから、学徒はまずその「要」を得なければならないのである。「要」とは「徳を成し道を行う」ことであり、徳は大小となく、天性に従ってこれを成就すれば、民の長たることができる。道は高下となく、道義によってこれを行うとすれば、世を輔けることができる。これこそが学問の完成である。しかし、後世、学問の要を失って聖人の道は二つに分かれてしまった。義訓を専らとする文儒の生き方と事業を専らとする雄傑の生き方であって、雄傑は時務につとめるばかりで、初めから義訓を考えることを知らず、知っていたとしてもでたらめになっている。文儒は義訓を専らとするために、古言の考証ばかりで、時務につとめることを知らないし、知っていてもそれにこだわりすぎる。なかでも、文儒が悪質であって、欠点を隠しやすいので、その果てには雄傑も圧倒されて義訓が広がり、事業はますます衰えてしまう。古の道をつくりあげた『大学』の中に「格物致知」という語句があるが、この中の「物」とは六芸であって、その芸業を訓練し、術知を致すことである。「物を格《ただ》して後、知に至る」ことで、六芸とは、周の時代の士以上の者が学ぶべきものである礼・楽・射・御（馬術）・書・数のことである。私の学問は復古の業である。そのためにこの螢英館を設立した、という。したがって、設立の意図するところは、あくまで時代に役立つ人物を養成することにあったと言えるだろう。

二・三――螢英館での学習方法

そこで、次に具体的な学館の構成や舎長や舎生の心得、教課（教科）十二条である講説、会講、輪講、独看、作文、作詩、習書（習字）、習算（習筭《しゅうさん》〔算に同じ〕）、習制（教訓）、習兵（教兵）、幼儀、誠業（試業）が述べられている。一部だけを取り上げると、次のようになる。

講説とは、教授先生あるいは舎長（訓導師）が口に古籍を陳《の》べて詳《つまび》らかに章句訓詁を弁じ、諸生（生徒）をしてその義を聴受させることで、聴講者が官人君子ならば経礼事業を先にし、庶人幼学であるならば義訓躬行《きゅうこう》を先にするようにする。

会講とは、諸生を集めて、一書についてその義を講究する場であり、舎長の指導の下で質問者と答弁者とに分け、討論させることで判定していくという方法である。現代風に言えば、ディベートのようなものであろう。ただ、現代との違いは、勝ち負けによって、勝った者は順次席を進めていくのであって、これを「奪席の栄」と呼ぶ。この会講についてもう少し詳述しておきたい。

具体的には、発問者と答弁する者との間で、どちらかが論破されるまで討論していくものである。決着がつかない場合は、舎長が勝負に判定を下すことになる。そして、批点（●印）と圏点（○印）をつけていく。舎長はこの二つの点の数を数えていき、圏点の多い成績順に、次回の席順が決定されるのである。席順は「殿《でん》」（下功）と「最《さい》」（上功）というように、成績の優劣によって決定される。「蜚英館学規」は次のよう述べている。

塾生は歯（年齢、仲間になること）を以て次と為し、外来は爵（身分による順序・位）を以て次と為す。同歯同爵は、入門の先後を以て次と為す。若し人或いは以て推譲して自ら下る者は、必ずしも次を改めず。但し、会講の課の殿最は其の時の勝劣に従ふ。

この方法については、さらに続けて次のようにも述べている。

年少が負けを悪むは、人情の常なり。それただ負けを悪めば、これを以て勝ちを求む。それただ勝ちを求むれば、これを以て自ら奮ふ。奮へばこれ強く、強ければこれ進み、進めばこれ楽し、楽しければこれ久し、久しければこれ化す。既に化して覚えず、その修は自ずから来たりて、禦ぐべからず。これを之れ教えの術と謂ふ。

「甘棠館学規」（建課業目十二条では「会読」となっている）においてもそれは同じであり、『論語』からの引用も同じである。ただ、『論語』八佾《はちいつ》の「君子無所争」を引用しながらも、少しばかり違うのは、学習する者が常に発憤して勉学に励むよう仕向けていこうとしていることである。

この方法が「奪席の栄」といわれ、広瀬淡窓の咸宜園でも採用されたものであり、その淡窓は南冥の教育を評して、「南冥は極めて人才を愛する人なり。尤も教育に長ぜり。是を以て門下に有名の士多く出でたり」とし、さらには次のようにも述べている（『懐旧楼筆記』）。

先生極めて教育に長せり。蓋其人才を愛すること、天性に出てたり。人一善ありと雖も、敢て捨てす。中行の士も、亦之を愛す。狂簡《きようかん》（志は大きいが、行いがぞんざいなこと）の士之を愛す。人に於て、唯其長を見て、其短を見す。予か如きもの極て懶惰《らんだ》（なまけ、おこたる）の性質にて、自ら奮ふこと能はす。然るに先生術を以て之を鼓舞し、止めんと欲すれとも、能《あた》はさらしむ。其教導の術、抑揚測り難し。要するに、其の人をして、奮発踴躍《ゆうやく》、自ら止むこと能はさらしむなり。

淡窓はこの南冥の方法から、三奪法（入門の際に、年齢・学歴・門地を白紙とし、否定するもの）と月旦評《げったんひょう》（一か月一回の厳正な客観的評価で、等級として十九級ある）による教育方法をとった。周知のように、咸宜園から輩出された多くの学者たちは、このような方法で切磋琢磨することで学問を身につけたのであり、それは後に明治に入り新しい時代の学問的な素地を与えたと言っても過言ではない。

次に輪講とは、輪番で諸生が以前に講習したことのある書を口説《くぜつ》することである。反復習熟することをねらいとして、その得失を調べ、従来の怠惰を反省するというものである。

誠業（試業）とは、臨時に出題される論説文によるコンクールのようなものである。

また、習算、習制、習兵、幼儀の四つの課目については「皆未だ其の人を得ずと雖も、其の書は備はり存す。参考精研して、自ら之を致せば亦た足るなり」とある。

その他、学館での生活基準とも言うべきものが続く。外来者の取り扱い、座席のこと、新入生の扱い方、門限（午前六時開館、午後六時閉館）、他国からの生徒の扱い、蔵書、器財、入学簿、講習簿、著述簿、五つの罰則、四つの禁制（みだりに政治批判をしない、国禁を犯さない、酒を飲み乱れた話などをしない、長幼序あり、とする内容）と続いている。そして、他国から遊学してくる門人を受け入れるとともに、その規則を記したのが「蜚英館学規」である。

なお、この内容は、一七八四（天明四）年に設立される甘棠館の「甘棠館学規」に、初めの三項目を除いてまったく同様の内容として受け継がれている。こうして見ると、南冥の教育方針はしばしば放任主義のようにいわれているが、それとは違ったものがあると言えるのである。

もう一つ注目しておきたいのが「学問稽古所御壁書第一條」である。ここには「忠」、「礼」「義」、「廉」、「耻」などの徳目を挙げることで、藩士たちの頽廃を戒める内容のものがある。

三

遊学の時期とその成果

三・一——蜚英館設立前後の遊学

南冥が学問に触れることになった契機は、前述したように一七五六（宝暦六）年の十四歳の時、肥前の僧大潮に入門したことに始まると言ってよい。筑前と肥前とを往復しながらも、この時期より遊学が始まったと見ることができる。

そして、蜚英館が一七六四（明和元）年に設立されたが、そこでの学問の教授としては主に父聴因が行っていたようである。しかしながら、俗流などの反抗にあっていたこともあって、それほど隆盛を極めるとまではいかなかったようであり、父聴因だけが家を守り続けたのである。南冥が先生となって教授するのではなく、彼自身はまだまだ学問形成の途上にあったのであって、南冥はこの頃より諸国への遊学を果たしながらも、「儒俠」を自認していたようである。まずはその前後を見ていくことにしよう。

一七五九（宝暦九）年、十七歳の時、僧大同とともに長崎に遊んだ（この時『瓊浦草《けいほそう》』が成ったとされる）。一七六一（宝暦十一）年の十九歳の春には、永富独嘯庵と再び長崎に遊び、文物の視察のために熊本にも出かけている。さらに翌年二十歳の時には上京して、吉益東洞について学ぶものの、学問上の違いからか直ちに立ち去り、その後、前述の永富独嘯庵に師事することで、儒学・医学双方にわたり大いに学問への道を開くことになるのである。

一七六八（明和五）年、二十六歳の時には、三度目の長崎行きを果たしている。長崎では、海外事情を知ることで、対外政策の見聞視察も兼ねていたと考えられるが、中国語（唐音）の研究もしたようである。これはまさに華音華語といって、中国語の音声やリズムによって中国古典の語学的・実証的研究を進めていった荻生徂徠の学問方法と同じであると思われる。しかも長崎では、特に高暘谷《こうようこく》（名は彝、字は君秉、俗称は渡邊忠蔵、清の礼部尚書である沈徳潜に詩を贈るなどしている）らと詩盟を結ぶことになり、このことから後年に多くの詩文を残すことになるが、そのための基礎固めができたのではないかと考えられる。翌年二十七歳の時、父聴因が失明にあったことから遊学を中止しているが、儒医として父聴因と南冥の教えが徐々に人々に信頼され蜚英館の全盛がやって来るのである。

一七七一（明和八）年、二十九歳の時には、門人である白石小春（字が小春、名は栄、俗称は彦三郎、平戸侯に仕える）、森大冲《だいちゅう》、村山伯宣《はくせん》の三人を伴って二度目の熊本行きをしている。熊本では特に、経国済民、つまり筑前の国のための政治経済策の要諦を学ぶという大きな目的があったのであり、藪孤山《やぶこざん》（一七三五〜一八〇三）との親交を深めている。

藪孤山は、名は慤《かく》、字は士厚、通称は茂二郎。朝陽山人と号し、中井竹山（一七三〇〜一八〇四）、中井履軒（一七三二〜一八一七）、頼春水（一七四六〜一八一六）、尾藤二洲《びとうじしゅう》（一七四七〜一八二三）らと交わり、時勢人情に通じて、子弟教育に熱心で、子弟の長所を発揮するよう指導したという人物である。

この藪孤山について、広瀬淡窓は『儒林評』で次のように述べている。

藪孤山は其父を震庵と称して、徂徠と親しく交わりし人なり。然れども程朱学にてありしなり。孤山家学をつぎ、少くして秋玉山に代りて、肥後の教授なる。玉山の規約を改めて、専ら朱学によりて教法を立てしなり。亀南冥には十歳ほども長ぜし人なるべし。南冥之に兄とし事ふと云へり。当時、藪・亀井を以て海西の両名家とすること、児女子までも知れり。

後述するが、この熊本での見聞は、やや一方的な見方にはなっているものの『肥後物語』に結実している。ただ、肥後への遊学は、とにかく内治上の経済政策にとって有力な刺激となっていることは事実である。その翌年の一七七二（安永元）年、三十歳の時には、四度目の長崎へと出発し、学問形成に励んでいる。同年、脇山姓である二十五歳の富《とみ》と結婚することになった。

三・二――南游紀行

鹿児島への遊学（南游）を行ったのは、一七七四（安永四）年、三十三歳の時であり、対馬藩の武士で門人でもある緒方周蔵と、帰省することになっていた三島周国を伴い、その年の八月十八日から十月十二日までの五十四日間のことであった。著作である『南游紀行』そのものの目的や読者対象は不明であるが、徂徠学を広めることが目的ではないかといわれている。内容的には、八月十四日から九月二十二日までを「上」とし、九月二十三日から十月十二日までを「下」としている。

この『南游紀行』には付録として『南山小草』が掲載されている。これも一つの紀行文のようなもので、南冥三十四歳の一七七五（安永五）年四月二十二日から五月七日の間、福岡を出発してから彦山着までの内容が記されている。多くの詩文が掲載されているとともに、門人のことにも触れた内容で、「和藤生元貞送別作」の最初の一部に「南山」とあるが、この作品名はここから採られている。そして、最後の叙述において原忍庵の来訪を受けたことを記し、一篇の詩を見ることができる。

狂雨狂雨欲暁天　狂雨狂雨　暁天《ぎょうてん》（明けがたの空）を欲す
青尊青眼惜離筵　青尊青眼　離筵《りえん》（別れの宴会）を惜しむ
文章長物君休説　文章に長けること物君の説を休めよ
好是昇平遺逸賢　好し是賢に逸《そ》って昇平を遺す

さて、南游紀行はどのような旅程であったか、往きと帰路までのことをおさえておくことにしよう。

行きは福岡を出発点とし、古賀（八月十八日）へ。ここで三島周国と別れている。緒方周蔵の兄である緒方東海（対馬の藩士）宅に宿泊。久留米（十九日）、柳川（二十日から二十三日または二十五日）、この柳川では医師である岡田子温を訪ね、聯額《れんがく》の「医者意也、意生於学、方無古今、要期乎治」を記している。つづいて熊本（二十五日から二十六日）では、儒者である広津善蔵と会い、さらに旧知の古医方家である村井大年《だいねん》（名は椿、俗称は椿寿、号は琴山また公琴、熊本の人で吉益東洞に学ぶ）を訪ねている。また、藩教授である朱子学者の藪孤山と会見し、『崇孟』（太宰春台の「孟子論」）を示すことになるが、当然に学派の違いによって反論されている。南冥はこの著作について、次のように述べている。

余嘗て謂へらく、述義伝導は聖明の事にして、独り孔子之に任ず、孟荀以下の能く及ぶ処に非ずと、因て士厚に謂つて曰く、甚しい哉、先生の煩を憚らざるや、崇孟は孟を刺るもの丶為めに作る乎、孟固より崇ふべき也、亦た固より刺るべき也。古義を遵行して其の徳を成し、其の道を行ふ、孟豈崇ぶ可からざらん乎、自から聖明に任じて其の言を載せ、其の義を伝ふ、豈亦た刺る可からざらん乎、然れども之れを刺ると崇ぶと、伝述を以つて言を為す、則ち均しく其の任を知らざる者也、謂ふ試に其の緒を言はん、孟は性善を言ひ、荀は性悪を言ふ、孔子は唯曰く性相近しと、善悪其の中に在る也、朱は気質変化を謂ひ、物は気質不変を謂ふ、孔子は唯曰く習相遠しと、変と不変と其の中に在る也、是に由りて之を観れば、孔子の言含蓄余りあり、諸子何ぞ之れを足らずとして、苦んで詭言紛絮《きげんふんじょ》を致すや、亦皆任を知らざるの過のみ、余謂へらく唯先生を知ると、今猶ほ未だ知らざるは何ぞや……

孤山は、孔子の「性相近し」と孟子の性善説とにくいちがいが生じたが、宋代になって程子などが本然の性と気質の性を説いて初めて一定の見解が生じたという。その反論が以上の内容であって、孔子の言葉には深い含蓄がある。なぜそれを不十分とするのか、と述べている。後に著される『論語語由』につながるもので、孔子の言葉そのものから学ぼうとする態度である。

同時に大城文啓《ぶんけい》、池邊匡卿《きょうごう》（名は某、俗称は平太郎、秋山玉山の門人として詩才は優雅であった）らとも歓談をしており、大城文啓を訪問した際には、新著である『木琴賦』が示されたとのことである。

そして、二十七日には熊本を出発するのであるが、途中、川尻の茶店の主人が忘れていた腰扇を届けに来たことから、南冥はここに熊本における徳政（善政）を見る思いであったという。その後、水俣（二十八日）、大口（二十九日）、鹿児島（九月一日から二十六日）という道中をたどるのである。

以下、鹿児島での出来事について、日を追いながら素描しておこう。

鹿児島に到着した九月一日、早速にも旧知の間柄であった増田熊介の来訪を受ける。その兄で、京洛儒雅の風があるとされる増田子直《しちょく》と面会することになった。さらには古医方家の吉村臨古《りんこ》（吉郁遍宜《よしむらみつのぶ》、世間では風変わりな人物と評されていたようであるが、医術の研究をある程度行っていたとされる。良医として仁人であることを望んだという）とも会う。二日には、この増田兄弟の案内で造士館、演武館を見学しているが、「今薩の学を設くる、規模宏廓《こうかく》、紀律厳粛、その士を造る所以、蓋しその法あり」という感想をもらしている。その後の七日、緒方周蔵、増田兄弟らとともに藩の重職にある相良権大夫の山荘に招待されており、「儒生は時務に裨なし」といわれたことに対して反論し、自説を説くことによって相手を納得させるにいたったという。十日、小川道延、伊藤権左衛門が来謁、午後には黒葛原文炳の来訪に接している。十一日には喜界島の人である早順が来見している。

また、十一日あるいは十二日（十二日とするのが確かなようであるが）、京都在住の医学者を尋ねられたことから、後藤艮山の卓識、山脇東洋の才良、香川修庵の弁博をともに推賞した。続いて儒者の流派についての話となった際に、室鳩巣《むろきゅうそう》（一六五八〜一七三四）の質直方正を評価し、荻生徂徠を最高として、幕政をゆだねることができる人物であるとした。太宰春台については経綸の才（治国済民の方策）があるとし、さらには新井白石（一六五七〜一七二五）、伊藤仁斎（一六二七〜一七〇五）などにも触れている。

十三日にもあいかわらず儒家・医生が訪問してきたので、徂徠学の必要性を力説し、鹿児島への旅の目的に満足している様子である。この時、夜、月を見て、旅愁を詠じたもので「九州三絶」といわれる詩ができる。

誰家糸竹散空明　　誰が家の糸竹か空明に散ず

孤客憑楼梦後情
皓月南冥秋不駭
波蒸一百二都城

孤客楼《ろう》に憑《よ》る夢後の情
皓月《こうげつ》、南冥、秋駭《おどろか》ず
波は蒸《おお》し一百二の都城（「秋高し」とするのも見受けられる）

異国の地である鹿児島を舞台に、秋の静けさの中、郷愁を感じさせる詩である。

十四日には、増田子直と妙谷禅寺を訪れ、良猷和尚と詩の応酬を行っている。そして、相良氏がやって来る。ついで藩の貴介公子某公（天資鋭敏な人で学を好む）の来訪を受け、詩を談じ、文を論ずるなどして、南游中で最も充実した一日であったという。十五日、公子より子直を通じて学校で教官になるよう依頼があるものの、これを辞退して帰路の支度にとりかかる。十七日には海江田善之助の求めに応じて揮毫しており、吉村臨古のためにその堂の額文字「臨古言臨千古擇善術」を書き、その後はオランダ医学を賞賛している。吉村臨古のために「臨古堂記」を記していることでわかるように、臨古への思いはかなりのものがあったようである。吉村臨古と『論語』について談論した内容は、次のように述べられている。

余曰く論語は微言精義の府、之れを大にして外なく、之れを小にして内なし、其の言や富腴婉約、引縄墨論すべからざるものあり、子若し之を好まば、其の難字を除きて必しも執帯せざれ、其の知る所を知れば足れり、之を知るを之を知ると為し、知らざるを知らざると為す、是れ知る也、故に漢儒は一経に通ずれば不肖と為さず、後儒は拜せ授けて賢と為さず、亦唯其の操行如何と顧みるのみ。

ここにもまた『論語』からの引用とともに、いたずらに後の解釈にこだわることなく『論語』そのものに学ぶ姿勢が示されている。

十九日、客が来なかったので、『剪燈新話《せんとう》』（中国の小説）を読み、周蔵と談論することになった。二十日、臨古と談論し、二十一日、今井維張がやって来て、入門のための束脩《そくしゅう》（入門する時に先生に贈る進物）を行った。二十二日には、琉球人の官衙《かんが》に朝するのを見ることができ、二十三日には文炳の願いで字を「世祥」と改めてやり、夜には今井子琴がやって来て詩などを創作している。二十五日、今井千里のために、その子の墓誌銘を作っており、さらには文炳と歓談している。二十六日、増田子直兄弟、世祥、臨古、海江田善之助、今井千里及びその子の子琴、細山田子寧らと会し、南冥の帰途に際して詩の応酬を行っている。二十七日は帰化した韓人による陶業を見たりしている。二十八日、子直に随行した従者を帰しており、西方で一泊するのであった。

これからいよいよ帰路にあたる。二十九日には阿久根から出水へと行き、一泊しており、ここに十数人の少年が門前で嘯《しよう》（口笛）を吹き騒ぐのを耳にしているが、これこそが薩摩藩独特の「兵子弐歳《へこにさい》」だと聞くのであった。彼らの歌は「肥後の加藤が来るならば、烟硝《えんしよう》さかなに団子会釈。その手はいやというならば、頸に太刀を引出物」というものであった。ここに薩摩藩の剛勇さとともに、防備態勢を読み取ったというのである。十月一日、医生の来訪を受け、病人が診察の依頼に来る。二日、医生のために学問の教授が行われた模様である。三日、水俣で宿泊。四日は船で松合へ行き、五日、松橋から宇土、そして夕刻には熊本に入っている。赤星寿仙を訪ね、さらに池邊匡卿の家に行くことになった。そこに伊形正輔がおり、大城文啓らがやって来て、談論した後、大城の家に宿泊。六日は、藪孤山を訪ねて談論し、当時、文字をもって名のある者たちが一同に会し、中でも伊形正輔の詩才を深く称揚することとなった。また、藪孤山を評して「篤く宋儒を信じてその短を鋤去《じよきよ》し、務めて物子を排してその長を襲取《しゆうしゆ》（急におそい取る）す」としている。七日には熊本を出発、高瀬で一泊し、三池へと行き、一医生の家に宿泊した。九日は、村山嘉伸と三人の子どもたちの診察を行った後、日暮れまでには柳川に着き、岡田子温の家に宿泊。十日、武宮謙叔の来訪を受け、応酬唱和するとともに、知人と文学を論じ、さらには推薦する人物として藪孤山の名を挙げている。十一日、古賀において緒方周蔵の家に宿泊し、十二日の夜、福岡に帰着した。

このような経過をたどった鹿児島への遊学は、南冥に多大な影響を及ぼし、多くの人々との交流と談論はかなり示唆の多い内容となったであろう。一口に「旅」といっても、いろいろな旅があるだろう。南冥にとってこの旅こそが学問形成のために重要な役目を果たしたのであり、儒医としての彼の学問の一助となったことは間違いない。

この『南游紀行』で、学問に触れた箇所として次のように述べた部分がある。

> 蘐老の学（徂徠の学問のこと）は、独り事業を先として義解を尚ばず。其の義解有る者も、即ち事業を尚ぶ所以の故を説き、以て後進を導く者のみ。故に蘐老を学んで唯だ義解をのみ是れ尚ぶ者は、真の蘐老の徒に非ず。仮令其の学宋明を主として而も専ら事業を求むる者は、亦た真に古の徒也。

宋明の学問であっても、政治的な実践を目指すとなれば、徂徠学の流れの中にあると言える内容である。

なお、この時期に『南冥問答』が成っている（後述）。これは儒者としてだけではなく医者としての南冥を見ることができる著作である。

三・三――『肥後物語』に見る政治観

『肥後物語』が成ったのは、一七八一（天明元）年、南冥三十九歳の時であるが、まずはそれ以前の南冥の身辺について、若干ではあるが述べておくことにしよう。

南冥が結婚した翌年の一七七三（安永二）年八月十一日には、長男である昱太郎《いくたろう》（昭陽）が誕生し、父聴因の七十歳の祝いが行われている。また、一七七四（安永三）年には次男の大壮が誕生し、同年、南冥は鹿児島への遊学を果たしている。一七七七（安永六）年、三男の大年が生まれ、ここに亀井五亀（南冥、曇栄、昭陽、大壮、大年）が揃うのである。

なお、『肥後物語』が成る前年の一七八〇（安永九）年五月十三日、父聴因が七十七歳で没し、翌一七八一（天明元）年、藩主黒田治之（一七五二～八一）が病没、京極家の第四子治高（一七五四～八二）が藩主となった。

では、『肥後物語』とはどのようなものであったのか。後述するが、南冥はすでに一七七八（安永七）年五月八日、藩主治之の特命でもって、儒医として兼帯を認められ、藩主の侍講《じこう》を勤めていることから、肥後のことを論じながらも、それに仮託して南冥自身の政治経済政策論が展開されていると見ることができる。全編二十七章から構成されており、自らが見聞した肥後藩主細川重賢《しげかた》（一七二〇〜八五、藩政改革などを成し遂げ、名賢宰といわれ、多くの遺作があり、中でも博物学に関心が高く、動植物を分類した図録は高い評価がある）の当時の善政美談を書き残した著作である。

その冒頭の「序」の部分に、目的とも言えるものが次のように明示されている（なお、古文書特有の字体については、今日の言葉に置き換えている）。

肥後物語は専ら先君の為に記せし草本なり。臣幼年の時より学問は経済を本とすると承りしゆえ、諸国へ游歴して政要時勢を聴ことを好む。肥後は当侯賢明にましますゆえ、国政もわけて調ひければ、数数游学して伝聞せしことは仮初にも記し置けり。されど国政は妄に沙汰すべき事に非れば、何ぞ途聴道説の誚《そし》りを免かれんや。然りといへども当侯改制の主意より諸有司の信義に向ひ、国風移り行し荒增は見に侍る成るべし。

このように述べて、「肥後の政績も万機の一助となりなんと拙き筆に書集め、電覧《でんらん》（さっと目を通す）に供へ侍らんとぞ願ひける」とするのであった。学問は経済を本とするものでなければならず、肥後の善政を語り、諸有司（鈴木清左衛門、木下暦庵）などに聞くことで、筑前（福岡）の政治のあり方を論じた内容ともなっている（この点、『半夜話』においても同様の内容を見ることができるが、次節を参照していただきたい）。

続いてもう少し内容を見ていくならば、同著の「凡例」においても「第一は学校にて、人才を仕立てることを政の基としたまひしこと、第二には執政を大奉行と名づけ、禄二百石以上の士は才徳次第昇進なるやうにしたまひしこと、第三には国中の政を十二職に分ち、六奉行にて続くゝり、混雑これなきやうにしたまひしこと、第四には国中を六備に分ち、武備を極めたまひしこと、第五には刑法の職を立奉行の一役とし、刑法を委く定めたまひしこと、是正しく改制の政要と存じ奉るなり」としており、きわめて多くの内容をまとめ上げている。

しかも、細川重賢が学問においても優れた功績を残しているように、南冥の関心も学問に目が向けられている。肥後藩の学問所としては時習館、医学校としての再春館などが有名であるが、まずは第四章の「肥後侯学者を優待したまふ事」において、医師として秋山儀右衛門（玉山）を三百石に取り立てたこと、百姓の伊形正助（大素）を儒員として抜擢するなどの例を挙げ、肥後においては学者ははなはだ尊敬され、上下を限らず、学問が流行していると し、次のように述べている。

学問流行は尤のことなり。肥後も以前より儒者は家芸にて余国同前なりしに、近年改制にて儒者役申し付けらるゝとなり。格別尤の制法なり。学問は人の生質にて用達もあり、用達せぬもあるものなり。儒役を家芸に申付る程無理なることはあるまじきぞ。軍学武芸馬術なども家芸は無理なれど、是等は乱世の用意なれば当時にては用達不用達の所さだかに知れがたければ其通りなれど、儒者は当用のことにて、用達の所明白なり。然る処学問の尊きことを知らぬ上からは、儒役を家芸に申付け、少〻書をよみ講釈にてもすれば、夫を儒者なり学者なりと心得られ、内心には風儀をかしく思ひながら、丁寧にて謙退するをとりえにしてよきやうに取持るれば、儒者も自然と気象ひきく、世間にては猿楽師茶道など同様にあしらはれても恥辱と存ぜぬ分際なれば、平士よりは永沈地獄に陥るやうに思ほど賤きものに成はてしは、学問は用達なきものと触流すやうなるものなり。されば心実に学問する人なきは、畢竟上の仕向悪しきゆへと知るべし。

ここでは、学問を第一義とする儒者を大切にすることで、教育の必要性が述べられている。そして、時習館の制度や校舎配置なども詳細な記述がなされており、学校内の教員数も述べられている（第五章「学校にて人才を仕立る事」）。また、第六章「居寮の事」では、才気抜群であれば、何年も学校に留まることが許されるが、もし進まない者がいたならば、一年で出されること、さらに「在町までも学問出精の者多く」あるなどのことまで述べられている。このことから学問の興隆と政治の要諦を同一のレベルで論じようとしたのが、この『肥後物語』であると言えるかも知れない。

当時の肥後藩は財政難であって、そのための改革が必要であったが、細川重賢は、用人から抜擢された堀平太左衛門（中老・大奉行となる）によって行政・法制面の改革を推進しており、南冥はここに明律を採用した点を高く評価している。ただ、このことはまさに「上からの改革」であり、それこそ農民からの収奪強化にあったのであるから、農民層の不満を見抜くことはできなかったと言えよう。

ところが、その後、阿蘇では飢餓が発生して、熊本の富商八か所が打ち壊しに遭い、川尻・宇土・高瀬などでも打ち壊しがあったことを聞き、福岡藩の姪浜商人も同様なことを述べたとして、「今日細瑣なる政事宜候とも民人餓死致し、且ハ下より手込を致し上之政事ニ指図をするやうなる事有之候而ハ、言責守職之人ハ依然として位ニハ居られぬ程之大恥ニ御坐候」というように、上にいる者の大恥であることを、一七八六（天明六）年七月十六日の藍泉宛書簡で述べてもいる。

三・四――『半夜話』について

前節で『肥後物語』について述べたが、その際に南冥の政治観を見た。

ところで、執筆された年代については詳細はわからないが、同様の内容を持つ『半夜話』という著作がある。この内容について、若干ではあるが説明しておきたい。というのも、南冥の政治に対する考え方が出ていると思われるし、罷免（廃黜《はいちゅつ》）の目にあう遠因ともなった作品と考えられるからである。

『肥後物語』が一七八一（天明元）年の冬に刊行、『半夜話』の刊行はそれ以前の一七七八（安永七）年九月、もしくは一七八一年かである。『半夜話』では、福岡藩が取り組まなければならない政策が具体的に述べられている。内容は九項目からなるもので、甘棠館設立にも関係していることから同様な項目をも見ることができる。一部『肥後物語』と似た内容であり、やはり同じ頃の作品のように思われる。

まず序言において「謹而　御国政之勢を奉考候処……」として、「御国政之しまりを御執行被遊候御一段ニ奉存候」とし、「身かまへをして気の付たる事を不申上事は不忠之第一と兼而覚悟仕候へハ、たとひ御咎を蒙り候とも其段は少も顧ミ不申候」と述べて、取捨選択してほしいとしている。

第一項目「読法之制御立被遊度事」

読法とは、法令を理解することであるとし、今日的な言い方をすれば、さしずめコンプライアンス（法令遵守）とも言えるものである。徹底して読み聞かせた上で、家中の者だけでなく町人・百姓とても同様であるとする。

第二項目「賄賂之路塞り私謁無之様ニ被成度事」

賄賂の弊害を述べたもので、皮肉たっぷりな内容となっている。賄賂を防止するためには、役人の選び方（選抜の方法）、私謁《しえつ》（懇意にしている者に内々に頼むこと）を禁止するというものである。

第三項目「大目付権軽くして御用達少き事　付、考績之官立度事」

賄賂が横行していたのだろうか、賄賂があるために風俗の乱れがあることを憤慨するとともに、職権の重大さを説いているようである。まず、石高では二千石以下に官吏を置くこと、さらには役人については四十年と決めること、さらに「撰挙」つまり人選の重要性を説いている。

第四項目「撰挙之仕方不宜故、役人柔和の風と相成候事」

「撰挙」とは、「ゐらみあける」ということを冒頭に、「撰挙之道ハ別而重き政事故」とするのであって、太宰春台の『経済録』及び伊藤東涯の『制度通』を挙げている（この当時、徂徠学派が理解できていたか疑問もあるが、南冥はあえてそれを踏襲している）。続けて、とにもかくにも「器量才知」こそが大切であるとし、人をいかに使うか、もしくは大切にするかが述べられる。さらに重要と考えられるのは、荻生徂徠の『政談』を持ち出し、人の大切さを説いていることである（徂徠の『政談』の内容は、今日で言えば、行政法・民法・刑法などの法律論が展開されている点も特徴の一つである）。

第五項目「御用勤衆学問御出精被成度事」

御用を勤める役人には学問に精を出すことを言い、学問の大切さを述べるのであって、「学問軍学等御修行被成度御事」として黒田長政の「御定則」（三か条）の内容を引合いに出している。さらに、学問することの内容に触れることで、「学智とて学問を博くいたし万事の筋目は相弁へ候より外の事ハ無之候」と言い、学智を磨くことでなければならないとまで述べるのである。いわば学問の重要性を説くとともに、これこそ学問と政治の一体性と言えなくもない。当時のことを思えば、いかに学問するかというよりは、学問のなさが問題であって、学問への必要性を説き強調している内容である。

第六項目「武備御立被成度事」

「武備とハ軍用意を兼而定置候事ニ御座候」というように、軍備とは軍の用意を兼ねて置くことにほかならない。具体的には他国に後れをとらないようにすることであって、肥前・薩摩・肥後などに後れることはもっとも許されないと言うのである（今で言うバランス・オブ・パワーの考え方になっている）。特に肥後を持ち出しているのは、『肥後物語』にも述べられているようにかなり意識されているのであって、この点は、別途、考えていくしかない。

いずれにしても、第六項目については、平和状態にあったとしても緊急時、戦闘状態を想定しているかのようである。弓馬・鉄砲などの稽古をすることは武芸の大切さを教えていると言えよう。しかも、福岡藩は長崎警固の任にあたるのであるから、公儀（幕府）を懼《おそ》れることはないと言う。

第七項目「御稽古所御取立被遊度候事」

稽古所とは学問所のことであり、堯舜のような仁政を敷くためには一日も早く稽古所を建立しなければならないとしている。そして、家中一統に聖賢の道に進むようにと述べ、そうすることで、学問の利益は言うまでもなく藩にとって貢献すると考えている。

第八項目「刑法之官別ニ御立被成度事」

短い内容であり、刑法官と行政官の分離を説いている。荻生徂徠の『政談』、太宰春台の『経済録』などを持ち出して、詮議の必要性を説いている（太宰春台は徂徠の経世済民論をさらに徹底化することで、商品経済のあり方にまで論を進めているために当然大切な立場であることがわかる）。

第九項目「捨子相止候仕組之事」

捨子救済の仁政をしなければならないとしている。現代的な言い方をすれば、公的扶助を図る必要性が述べられていると言えよう。「御上ハ一国の父母にて御座候へハ庄屋年寄、貧民沾皆々御子にて御座候条……」としており、「国を富すハ御仁政の御基」とする。極めて詳細にこれを述べることで、具体的な項目と言える内容である。

このように、この『半夜話』の特徴は、南冥が抱く福岡藩政への改革論と言えるものである。儒者としての思いが述べられている主著の一つであるが、実際に藩政へどれだけの影響を与えたのかは不明である。

なお、学問所の開設については、甘棠館の設立につながっていると考えられる。

四
交友関係

四・一——島田藍泉との出会い

一七七七（安永六）年、南冥は三十五歳になるが、三男大年が生まれている。この年、一七六二（宝暦十二）年に初めて京都に出かけて以来、二月十一日から四月六日まで、十五年ぶりに再び京都に上ることになり、小石元俊宅に滞在することになった。

この京都への途上、徳山において終生の友人となる島田藍泉《らんせん》（一七五一～一八〇九）に出会うことになる。藍泉との出会いは一度きりであったが、遠く離れた異郷の地にあって共に学問や詩文において意気投合し、書簡（現存する南冥から藍泉への書簡は二十四通ある）をもって晩年まで、切磋琢磨し、互いの友情を温め合っている。その出会いのきっかけは、徳山藩士である青木和卿（一七四六～七七）の仲介によるところが大きいのであった。

では、この和卿とはどのような人物であったのだろうか。青木和卿は、名は節、号は葵園《きえん》、通称を源蔵といい、藍泉の友人であった。和卿の墓石に南冥による墓誌銘が刻まれていることとからしても両者には深い関係があったと推測できる。

徳山藩は毛利藩の支藩とも言える小藩にすぎない。三代藩主毛利元次（古義学派〔堀川学派〕に傾倒し、伊藤東涯兄弟に師事）の時代から学問関係の事業が推進されつつあったが、この事業に参画した中心的人物の一人が和卿である。和卿は、本城紫巌《ほんじょうしかん》（一七三七〜一八〇三）、藍泉の父円盛とその師である国富鳳山（一七〇七〜六三）に学ぶ、また徂徠学派の服部南郭にも一年ほど学んでいる）とともに、徂徠学の普及に専念する。関西などにも遊学を経験しており、一七七三（安永二）年には九州に遊び、南冥と親交のある肥後の藪孤山と会い、福岡城下にいた当時三十三歳の南冥を訪問する。和卿は、南冥の豪放磊落《らいらく》（心が大きくさっぱりとしてこだわらない）の英士として心打たれたとのことである。この時、南冥の徳山への訪問が約束されたのではないだろうか。

南冥と藍泉が出会う一七七七（安永六）年、和卿は藩命によって江戸に向かう。その際、親友の藍泉は役目を立派に果たしてほしいとする詩を送ったが、江戸到着後、間もなくして和卿は発病し、七月二日、病死してしまう。享年三十一歳であった。棺は江戸麻谷教運寺に葬られ、遺髪は郷里である徳山の八正寺に埋葬された。先述したように、和卿の墓誌銘は南冥によるものであり、南冥と和卿との間にもかなり親密で、しかも信頼するに足るだけの関係があったと言えるだろう。

さて、藍泉が南冥を知るきっかけには、二つの機会があったと考えられる。一つは、一七七二（安永元）年、藍泉二十二歳の時、長門に遊んだ時である。永富独嘯庵門下の三傑の一人である小田亨叔に会った時と、もう一つは、和卿が関西の遊学から帰郷した時に、徂徠学の再興を志す人物として南冥の文名が関西でも高く称賛されているのを聞き及んだ時である。そして、いよいよ南冥と藍泉とが出会うのが、一七七七（安永六）年の春のことである。

そこで、島田藍泉について少しまとめて生涯を紹介しておこう。島田家は代々修験道を奉じて役小角《えんのおづぬ》（奈良時代の修験道の開祖）の流派をうけていることから姓を「役」といい、徳山教学院の住持を勤めている。字は道甫、号は藍泉または興山という。

藍泉については、広瀬淡窓の『儒林評』で「篤実の君子」と呼ばれ、次のように述べられている。

藍泉は修験なり。修験にして文辞あるもの、古今なし、只藍泉一人なり。亀井父子極めて此人を重んず。昭陽少年の時、山陽に遊び、行きて謁見し、弟子の礼を取れり。之も詩文の風、李王（明代の李攀龍・王世貞）を学び、徂徠の説を宗とする故に、亀井と同調相合する者なり。其人は篤実の君子なるよし。

一七六五（寛政三）年、十五歳の時、父円盛に伴われて大峯入山に旅立ち、一七七〇（明和七）年、二十歳の時には父に代わって上洛した。一七七二（安永元）年、長州藩の藩校明倫館（一七一九年創立、山県周南以来、徂徠学の牙城であった）の滝鶴台に学んでいる。一七八五（天明五）年五月、藩校鳴鳳館（この名前は南冥の撰によって命名される）が開設され、本城紫巌が学頭で、藍泉自身は教官となって、三人扶持を与えられている。ただ、二年後の一七八七（天明七）年八月には一時、藩校を御免となり、教学院の寺務に専念することになった。再び教官となるのは、一七九三（寛政五）年、四十三歳の時であり、その後は終生その任にあった。一七九一（寛政三）年には、南冥の長男昭陽とも会見している。そして、一八〇三（享和三）年七月、本城紫巌に代わって学頭に就任した。就任に際して南冥が藍泉に贈った詩は、次のようなものである。

寄懐藍泉先生
不見藍公三十霜
喜聞鳴鳳集岐陽
天猶未厭世寄杰
人復誰無愛景光

藍公に見《あ》わざること三十霜
喜んで聞く鳴鳳の岐陽に集まるを
天猶未だ厭わず寄杰《きけつ》を生ずるを
人また誰か景光を愛《いとおし》むなからんや

修業遠遊忘白首　修業遠遊に白首（白髪の頭、老人）を忘れ
愴時清唱入滄浪　時を愴《いた》んでは清唱滄浪に入る
浮雲遮断雙関樹　浮雲遮断す雙関の樹
指点周南迥自傷　周南を指点して迥《はる》かに自ら傷む

藍泉に会い、三十年も経過した。多くの秀才が集まっているのは嬉しい。あなたは修業に励んでおり、詩歌を作っておられることでしょう。一度お目にかかりたいが、浮雲が視界をさえぎっているので、周南の方角を指して胸を痛めている、といった内容である。

それに応えた藍泉の詩を見ると、

酬道載見寄懐

蹉跎歳月逐人過　蹉跎《さだ》（つまづく）たる歳月人を逐《お》うて過ぐ
欲討千秋如拙何　千秋を討《たず》ねんと欲するも拙きをいかんせん
肝膈非因知己功　肝膈《かんかく》は知己の功によるにあらざれば
風塵誰解苦心多　風塵だれ解せん苦心多きを
踪蹤僅借図書苞　踪蹤《しょうしょう》僅かに図書の苞《つと》に借る

感慨時傾壺酒歌　　感慨時に傾く壺酒の歌
事業将何答来問　　事業まさに何をもって来問に答えん
回頭潘鬢漸皤皤　　頭を回せば潘鬢《はんぴん》漸く皤皤《はんはん》（髪の白いさま）たり

歳月は過ぎ去っていき、二人の友情は二人だけのもの、移り変わる世にあって二人の心境などわかってくれない。あなたのことはあなたの著作で知るだけである。髪も白くなってしまいました、というような内容になっている。

藍泉は南冥よりも八歳も年下ではあるが、一八〇九（文化六）年九月、五十九歳の生涯を閉じるのであった。共に古文辞学である徂徠学を奉じ、藍泉は徳山における文運隆盛の端緒を開き、南冥は筑前において同系の学問にあり、互いに切磋琢磨する親しい仲であった。親友である藍泉の最期にあたっては、次のような追悼の詩を見ることができる。

哭藍泉役学士

亀生猶大夢　　亀生は猶ほ大夢のごとく
役子乃丘阿　　役子はすなわち丘阿《きゆうあ》（孔子にもひとしい）
已見奇殃垂　　すでに見る奇殃《きおう》（わざわい）の垂れるを

寧無大耋嗟　寧ぞ大耋《だいてつ》（老いた人）の嗟《さ》くこと無からんや
何心君急遽　何ぞ心君の急遽し
五羽柳陰移　五羽　柳陰に移る
反哺非所問　反哺《はんぽ》（親に恩をかえす）問う所に非ず
涕泗徒滂沱　涕泗《ていし》（なみだ）つとに滂沱《ぼうだ》たり

夢のようなもので、ただ年老いていき、涙ばかりが出てしまう、というのである。こうした詩だけでなく、「奉告藍泉先生墓文」という長文の文章も残している。

南冥と藍泉の二人の出会いについて述べてみよう。

一七七七（安永六）年の春、南冥は二度目の上洛の途次、徳山に立ち寄って青木和卿宅で三日間滞在することになった。青木宅では、藍泉をはじめ藩から有志数名が集い、歓迎の宴を開いてくれるのであるが、その間、藍泉と意気投合することになった。宴の席上、それぞれに詩の応酬を行ったようで、『矢音艸《やおとそう》』に多くの詩が残されている。徳山の人々による思いがけない歓迎と多くの知己を得た喜びを、南冥は次のように表現している（三行目の「断」を「遊」とする記述があるが、全集を見るかぎり「断」としか読めないように思われる）。

葵園偶成

梅園夜色穏春煙　梅園の夜色は春煙穏やかなり
不閉南軒抱月眠　南軒を閉《とざ》さず月を抱いて眠る
夢断羅浮人不見　夢断ちて羅浮《らふ》（仙人の山）に人見えず
娑娑花影落欄前　娑娑《ばさ》（舞めぐるさま、詩）る花影欄《らん》の前に落つ

春の梅園の穏やかな季節に、花が舞うさまに託して喜んでいる様子が窺い知れる内容の詩である。

そして、翌日もまた詩酒の宴が続く中で、藍泉の詩は「遠くにおられるあなたに、何年も西の空を仰いでいましたが、こうしてお目にかかれたことは意義深いものがあります。……明朝、あなたは出発してしまいますが、あなたの作品は遠く海の果てまで響いていくことでしょう」というもので、これに対して南冥の詩も、明月のもと互いに語り合った喜びを、「まるで旧知のように遠慮なく盃をかわし、とてもすがすがしい風が吹いたことでしょう。酒に酔って一睡し、空が明るくなるころには鶴の鳴き声も消えていってしまいました」というものであった。こうして名残を惜しみつつも、南冥は、錦帯橋や厳島など一か月ほど各地を歴訪した後、上洛するのである。

その後、南冥は藍泉に次のような書簡を送っている。

春暖之候御社中益以御壮寧可被成御坐。……其後都邑経歴三十三日ぶり京着、朋友共よりも余り延引と被咲申候。乍然都邑処〻にて知音甚多くなり到処迷惑に及申候事のみに御坐候。一両日大坂へ罷下り候処、是亦親友久振合遇故中〻不得閑暇罷暮候。詩なども余分に出来申候。懸御目度存候得共書写も出来兼申候。……

三月二十五日　亀井道載

役興山道士　枕下

これらの詩や書簡（詩や書写もできた様子がわかる内容）から、南冥と藍泉の劇的とも言える出会いがあったことがわかるのではないだろうか。

さらに、付け加えるとすれば、両者における互いの人物評では、南冥に対しては「蓋し南冥の人と為り、魁岸俊偉《かいがんしゅんい》（体が大きくたくましい、才能がすぐれている）、颯として長風波浪の如く、屹として嶮崖の水に臨むが如し。その人に接するや専ら忠実を以てし、一点の内に挟むなし」というものであって、眼光鋭い人物とみている。これに応えるようにして藍泉はまさに「篤実」な人であった。この対照的な性格であればこそ、互いに出会った喜びとともに、魅せられ合った様子を知ることができるのである。南冥は、「天地は広大であり、その間に生きる人間も数限りない。しかし真に同一臭味の者を求めると、巨大な天壌の間にいくばくかあるであろうか。ねがわくはきみ自愛せよ」と述べるのであった。

四・二——藍泉の学問への思いと交友

前述のように、島田藍泉は役興山ともいわれたように、修験道者としての仕事が第一にある反面、彼の胸中には文学や為政への強い関心があった。南冥に出会う以前に、徂徠学の衰退を嘆き、再興する人物がいないことを惜しんでいる。

これより先四年、余が友和卿関西よりして帰るや、嘖々《さくさく》として独り、筑に亀先生なる者あり、方今屹乎として赤幟《せきし》を文壇に樹て、物家之学（徂徠学のこと）を主張し、関西にその右に出づる者なしと称す。余聞いておもえらく、誠にかくの如くならんか、文それ興らん、と。それ一低一昂《いっていいっこう》（意気の上がり下がり）は天の道なり。彼に屈すれば必ず此に伸ぶ。おもうに東都かくの如くそれ衰えたり。或いはすなわち西に興るなからんか。若し豪傑の、その道を揄揚《ゆよう》（ひきあげてほめる）するあらば、何を以て一たび相見て、これをその人に徴するを得ん。

つまり、青木和卿の話では筑前に亀井先生がおられ、徂徠学を主張しているが、もはや江戸で衰えたとするなら、きっと西で興るに違いないのではなかろうか、もしその道を発揮するような豪傑がいるなら何としても会いたいものだ、というものであった。そこに二人の出会いがあり、互いに意気投合した精神的な絆ができあがったのである。藍泉には徳山において教学院住持としての果たさなければならない仕事がある中で、彼は南冥を徂徠の後継者であると見ており、自らの夢を託して語っている。

それ升平《しょうへい》（穏やかな世の中）百年にして海内《かいだい》は一家なり。士はその禄を世〻にし、禄はその業を世〻にし、豪傑ありと雖も、何を以て卓偉の績あるを得ん。已むなくんば斯の文あるのみ。一人の身を以て一世の運に係り、身室を出でずして名天下に振うは、斯の道に踰《こ》ゆる者なし。物夫子の若きはその人なり。ただその人にあらざれば、その道行われず、今、亀君の道を揄揚《ゆよう》（ひきあげる）するあれば、蘐園の化或いは今日に見《あら》われて、数十年の欝過《うつか》する所、すなわち一朝にしてまた起こるところなきか。君それを勉めよ。

自らの名を天下に振るうものは文学でしかなく、徂徠先生はそうした道を歩まれた。しかし、まさしく南冥こそが、その道を発揮し、よみがえらせてくれるであろう、精進してほしい、と述べているのである。

ここで、少しばかり藍泉の著作をめぐって、南冥の考え方について述べることにしたい。二人が生きた十八世紀後半の時代状況にあって、南冥の朱子学に対する考えは、ただただ朱子学の道徳や礼儀は過酷なものであり、形式主義的なものに陥っているというものであった。思うに、朱子学の「持敬」のみを強調するところが、何ら新しいものを生み出さないと考えているのだろう。藍泉もまた、同じ時代閉塞のような状況で、朱子学には人意や人情というものがなく、表面でのみ朱子学に従っているにすぎないと考えているのである。

藍泉の『大道公論』は、一七七九（安永八）年、二十九歳の時の著作である。その自序の初めにおいて、「いわゆる学は、徒に佔畢《てんひつ》（うわべだけを読む）に耽り書堆《しょたい》（書物）に蟄《かくれ》する者のみにあらず。以て民を治むべき、これを道と謂う。以て治を知るべき、これを学と謂う」と述べているのは、学問の目的が治世にあることを強調している証しである。また、「国を治め民を治むるは、天下の至艱、民を治め国を治むるは、斯道の緊要、百教千制、これより外なる者なし。学者の学ぶ所は、ただここに在るのみ」として、「道は天地自然にこれあるにあらず、言語論説にこれを載するにあらず、ただ聖これを作りしのみ」とするのである。このほんの一部からだけでも、徂徠の説に従って徂徠学の中心である経世済民の立場を継承しているとみることができる。

しかしながら、この点について南冥は、「役子は未だ楽記を読まざるか。余未だかの道を聖人之を作りしか否か、天地自然に之あるか否かを知らず。……役子また激すること甚だし」と注記している。南冥の『大道公論を読む』においても、「……役子の学と功、偉なりと言うべし。……」としながら「ああ、それ役子にして、先ず我が心を獲たるか。曰く、否。蓋し余、役子に先んじてその心を獲る者あり。曰く、何ぞや。曰く、三畏あるを知ればなり。何をか三畏という。曰く、時制を畏れ、人情を畏れ、聖明の任を畏る。これを三畏という。何をか時制を畏るという。曰く、言い難し。言えば、時制に逆らう。何をか人情を畏るという。曰く、また言い難し。言えば人情に悖《もと》る。何をか聖明の任を畏るという。曰く、作者これを聖という」と評して、出版には慎重になっている。

『大道公論』がまとまった後、一七八四（天明四）年五月には、藍泉は『新語』を完成させている。後述するが、この年の二月には、南冥は西学問所である甘棠館の祭酒（館長、学頭）に就き、藩における教育の責任をますます感じていた頃である。この作品についての南冥の感想はと言えば、次のようなものであった。

先頃被遣候新語、さても格別の大作、編〻不勝欽望、毎〻拝誦仕居申候。乍然是も聖人之語を以て、そろそろ御進め被成候様ニ被成度存候。其内有眼人などニハ御示し可被成候。御文章も甚御出来物と存候。助字などは御詮議疏なる所相見申候間、少づつ了簡を書加、返璧可仕と先留置申候。

藍泉の文章を立派だとする反面、多少の不安を覚えたのか、やはり世に出版することについては反対しているようである。

翌年の一七八五（天明五）年には、徳山藩においても藩校の鳴鳳館が設立され、藍泉はその教官の一人として抜擢されている。その後、七年間、南冥が廃黜に至るまで、順風満帆とも言える人生を二人は送ることになる。

しかしながら、その後数奇な運命をたどることになる南冥の晩年に至るまで、二人の友情は変化することなく、むしろ藍泉の気遣いとも言える方が注目できるくらいである（後述するが、南冥の長男昭陽からの願いに対する心遣いもそうである）。南冥と藍泉との交友については見過ごすことができない交わりであって、度々、触れざるをえない間柄と言えよう。

四・三――その他の交友の一端

南冥は多くの詩文を残し、そこに大きな業績を果たし、それらを介して交友関係にも広がりが見られるのである。

その一端として、詩文稿中に交友関係を探ると、藍泉のほかに、肥前の古賀穀堂（古賀精里〈一七五〇～一八一七〉は寛政三博士の一人で朱子学者、柴野栗山、尾藤二洲とともに学政の推進にあたるが、その長子）、豊前中津の倉成龍渚（善郷）、彼は南冥の長男昭陽が上洛の際に、都における文士たちへ紹介の労をとっている。備後福山の西箕陽は、南冥に師事して共に『論語』の研究をした一人でもあり、ほぼ子弟関係に近い間柄であった。一七九一（寛政三）年、昭陽が山陽地方への遊学の折、別辞として「西子は篤行の長者也、其のかつて永生（永富充国のこと）を化する。余今に至るまで其の賜を受く」と述べている。また、豊前小倉の石川剛、肥後の僧である豪潮などとの交友が注目されるところである。

その他、佐賀の藩老である生野太夫、徳山藩において文教刷新、財政改革に多くの功績を残した奈古屋豊敬らがいる。

そうした中で、高野江鼎湖によると、「交友及門人」として原公瑤、僧知雲、中村頤亭、岡千里、岩城子明、河野伯潜、高山敬貞、安井静宇、池邊匡卿、僧曇懋、僧広陵、僧拙庵、池大雅等々五十六名の人物がまとめられている。

南冥の交友関係を中心に見てきたが、その幅広さについては、朝鮮通信使らとの関係や遊学の時期のように若い時からのもので、彼のその後の人生においても重要な意味を持っている。現代的な言い方をすれば、南冥は「知」のネットワークを築き上げていたのである。

五

藩儒への抜擢と学問所の設立

五・一――藩儒医への道と福岡藩内の学問事情

南冥三十歳代前半は、南遊を果たしたり、さらに終生の友となる島田藍泉との出会いを経験するのであった。その後は家業に従事し、蜚英館で講説し、儒医として「我が術大に行われ、余波隣邦に及び、一時此れなきに至る」という充実した日々を送っている。

そうした中、一七七八（安永七）年五月八日、三十六歳の時、藩主黒田治之の特命で、藩の儒医として兼帯を認められ、十五人扶持となり、藩主への侍講《じこう》を勤めることになる。その際の「申し渡し書」は、次のようなものである。

間断なく修業仕、門弟をも相仕立可申候、医術も宜候段相達候に付、此後も手広く病治等仕、儒学医業相兼候て、出精相励むべく候事弟曇栄もまた崇福寺（臨済宗、藩主黒田家の菩提寺）の住職に任ぜられる。ここに、父聴因の長年の夢は実現したと言えなくもない。聴因の言うには「余れ今日にして以て死すべし」と。そして彼は、「子なりけるもののいみじうかしこき君の仰事蒙りしよろこびにたへで」と題して次のような和歌を詠んでいる。

あさふゆに咲くやとまちし雨露の恵み時来ぬなでしこの花

さて、一七六九（明和六）年、藩主であった黒田継高（六代藩主、享保年間に逼迫していた藩の行財政を建て直し殖産興業を推進する）が隠居したため、一橋家から（徳川宗尹の）第二子の治之《はるゆき》（徳川吉宗の孫、松平定信と徳川家治とは従兄弟の間柄、七代藩主、十八歳）が養子となった。治之（鳳陽公）は、一七八一（天明元）年八月二十一日、三十一歳で病没するが、極めて名君の誉れたかく、南冥が儒医として抜擢されるのは、治之の決断によるものといわれる。その治之が病を患った時、江戸から招いた典薬の医者は、南冥が処方した医案を見て、これに感嘆し、碩儒の大文章であると賞賛したのであった。

治之の病没後、一七八二（天明二）年二月二日、京極家第四子治高（八代）が藩主となるが、一年も経たない同年八月二十一日、二十九歳で亡くなってしまう。続いて徳川治済の第三子斉隆（六歳、九代）を藩主として迎えた。しかし、実際には藩政を司ることができないので、成長を待って江戸藩邸内に留まることになったのである。したがって、藩政は家老の衆議制によって進められ、長崎警固番も果たしたりする中で、治之の遺志をついで藩校開設に至ったようである。

こうした藩主の入れ替わりの中で南冥は、一七八三（天明三）年五月十八日、御納戸組となり、加増されて一五〇石の給知を得る。そして、同年六月十三日、貝原益軒の朱子学派の流れにあたる竹田定良とともに、藩主治之による興学の遺志が伝えられることで、学問所の開校が認められるのであった。

福岡藩の藩校創設はこうして実現していくのであるが、九州内の諸藩からすると、やや遅れての開校ということになる。熊本藩の時習館は、細川重賢の藩政改革の中心的な政策の一つとして一七五五（宝暦五）年に開校しており、秋山玉山（一七〇二～六三、名は儀、一名定政、字は子羽、通称して儀右衛門といい、玉山・青柯と号した、林鳳岡に学び、服部南郭と盛名を競った）を責任者とした。鹿児島藩の造士館は、一七七三（安永二）年に島津重家により、佐賀藩の弘道館は、一七八一（天明元）年、鍋島治茂により時習館に習って開校されている。

そうした状況の中で、福岡藩では、東・西学問所として二校同時の開校となるのである。西学問所の甘棠館、東学問所の修猷館、一七八四（天明四）年二月一日と六日、それぞれの居宅の付近に学問所が建設され、開校した。

なお、修猷館は、竹田定良の屋敷が赤坂にあったため、諸生の通学に不便だということで、城の正門のお堀端上ノ橋での建設が許可される。

一方、甘棠館は南冥の居宅でもあり、学塾（私塾）の東隣りにあって、藩士の葛貞作と山岡文左衛門の屋敷を召し上げた上で、南冥の居宅のある唐人町に建設された（後述する星野陽秋への書簡を参考）。甘棠館の開校式には家老以下、関係者一同が出席し、聴衆が講堂の外まであふれるほどであったという。

五・二――甘棠館の落成

福岡藩家老の野村東馬と久野外記らの後押しもあって、一七八三（天明三）年六月二十四日、文字通り設立許可と言える総請持の命を受けることになった。また、同日、藩儒である島田宇兵衛、真藤宗七、安井三蔵、櫛田大吉、伊藤豊之丞、岡部平作らの六人は、竹田定良と南冥と申し合わせた上で勤学者を教導するよう命じられている（南冥から島田藍泉宛書簡には、「学問所東西ニ建立致し東ハ七八人之儒者請持、西ハ不佞《ふねい》一人ニ而請持申候」とある）。そして、十月初旬には建設が開始されている。場所は、現在の福岡市中央区唐人町で、南冥の居宅があった所に設立されることになった。甘木の星野陽秋に宛てた書簡（十月九日付）には、次のようにある。

……然は小生居宅近辺郷校思召立之儀は、去る六月二十四日本殿にて被仰付、本志之段御察の通、亡父存命ならて、夫れのみ今更残念此事に御坐候。東隣合壁葛貞作、山岡文左衛門、右二屋敷、上より御買上にて、其跡に御建立有之策に御坐候、講堂六間に四間、寮は三間に十間、其他供込、馬寮等御造作なることにて、以後繁昌せん哉否、其事のみ恐入居申候事に御坐候、足下何卒少しの余暇も有之候はは、御加勢に御出も候へかしと、真実存候得共、最早医術取かかりの上にては何分申進候も致かたく御坐候えは其通りに御坐候。御普請も両三日中には不佞門前に大工木屋立候筈に御坐候、学問とりかかりは、定而来陽よりと被存候、此段因序御しらせ申述候……

そうして先にも述べたように、翌年二月、それぞれに開校式が挙行された。開校式つまり落成開館にあたっては、孔子を祭り、祭文が読み上げられる。そして、南冥によって『論語』述而篇の「文行忠信」の講義が行われた（ちなみにこの篇の内容は、「子は四を以て教う、文・行・忠・信」というもので、文とは学問知識、行とは道徳修養、忠とはまごころの表現、信とはまごころの実質化のことである）。しかも内容的には学問と政治の一致が強調され、「政事即学問、学問即政事」が展開されているのであって、このことはまさに徂徠の目指したものと同じであると言える。これ以後、毎年正月十日の開講式では、この内容を講義するのが慣わしとなった。開校式の日の感想は、島田藍泉宛の書簡に見ることができる。南冥の喜び及び決意のほどが伝わってくる内容である。

二月丙戌朔日開館其より今日日〻百人計の稽古を諸生共へ加勢致させ指南ニかゝり申候。講説之日なとハ耳目もなき聴衆なから、門巷《もんこう》ニ充満、号槍《ごうそう》も十六七本これ有り候、是等ハ諸大夫ニて御坐候、余程盛業と評判致し申候。……然しながら家国之ために相成り候哉否は、今日ニ而ハ難論候、今より十年先ならてハ手段見申間敷と存、随分長命を祈居申候、寿命さへこれ有り候はは、寸分之功ハ立候様にこれ有るへく、足下の如き知己の恥辱ハとり申間敷と存はまり居申候……

では、講義の内容について、やや長いものであるが、同じく島田藍泉に宛てた書簡から見ておくことにしよう（二月二十一日付）。

……第一ニ政事と学問とへたへたにならぬ様相心得られ、政事即学問、学問即政事と成り行き候様にこれありたく、孝を勧候も忠を進メ候も、皆ゝ政事の根元、当代ハ東照宮御制度を守り諸国治り候へハ、此制度にはつれ候了簡ハ皆政事ニ害あり、政事ニ害ある事ハ、孔子伝来の学問ならす候、列聖孔子の道ハ、世を治め百姓を安治する外ハこれなく候。然ルヲ儒者ハ儒道を主張し、仏者ハ仏道を主張し、神者ハ神道を主張して各他道を非間するハ、三道をあつかう人皆ゝ了簡違なり、東照宮聖人治国の主意を得と御呑込みニ而、仏者に君臣父子の道をましへ、儒者も死すれハ僧より葬祭致し何居士何信女なとになし皆仏になる様ニ成され、さて儒家仏家も天照大神の御祓ハ請け候様ニ、能ゝ治安の道を御計らい成し置かれ候に付、人情おちつき居り申候故、二百年の安楽を致し候。されは此処能ゝ御呑込み候而、政事即学問と御心得これありたく候……徂徠先生の政談を能ゝ御読み成されたく候。甚だ面白く存し奉り候ハ、其処分の模様誠ニ経綸の才ニ而、人情を失ハぬ場処相見へ申候。足下の大才、中ゝ不佞等勿論及ぶ所及ニこれなく候、然しながら今日本の政柄を御取り候はハ、……とふで儒道贔負成さるべくと存し奉り候、それにてハ日本ハ治り申さず候、……とにかく宋儒に僻しても明儒に僻しても徂徠に僻しても僻ると申処少も御坐候てハ皆同前の迷に御坐候。ただ孔子のミハ如何様に僻しても害ハこれなく候、孔子に僻して害を生じ候ハ孔子の見様に間違これあり候故ニ御坐候。

……

まさに、三教である儒教・仏教・神道を持ち出しながら、徂徠の『政談』への思いを述べ、現実の通弊を嘆きながらも、「政事（政治）」と「学問」への志を述べた内容と言えよう。しかも、宋儒・明儒、さらには徂徠に偏ることなく、孔子自身に傾倒しなければならないことを説いている（これは、南冥の主著『論語語由』にもつながるものと言えるだろう）。南冥が甘棠館で目指した教育の一端がわかる。

「政事即学問、学問即政事」は、また学問の現況への危機意識であるとともに、儒学的理念を学問の中心とする政治改革を目指していると考えられる。

五・三――甘棠館の規模と教育及び門人たち

甘棠館の名前の由来、さらにはどれほどの規模の学校であったのか、簡単に見ておくことにしたい。名前の由来については、次のようにある。

伏して惟《おもんみ》るに、我先君鳳陽公、儒術を崇敬し、魯（南冥）を市井に擢《あ》げしより、今に六年、すなわち今にして後、親しくこの盛典を観る。蓋し遺徳のみ。嗚呼国人の先君を思うこと、独り魯（国名）人の奭《いかり》のみならず、しかるを況や魯不佞に於いておや。すなわち公の園に樹《う》ゆる処の甘棠一株を請うて、これを黌舎《こうしゃ》に移し、因て以て其館に名づく。庶《こい》幾《ねがわ》くは、以て勿剪《ぶつせん》（切ることなく）の誡を有せん。

甘棠の木を植えたとあるが、甘棠は「やまなし」というバラ科の落葉高木のことである（中国の故事にあっては、周の召公が善政を行ったことから、召公が甘棠の木の下で休んだので、人民がこれを大切にしたという内容にちなんで「甘棠之愛（恵）」という成句があるが、これも念頭にあったのではないだろうか）。

この甘棠館について、広瀬淡窓は『懐旧楼筆記』で次のよう述べている。

亀井の居宅極めて広し。書塾数所あり。崇文館、千秋館、潜龍舎、幽蘭舎、虚白亭、九華堂等の号あり。往時盛なりし時は、六十余の生徒ありて、諸塾に満ちし由。……甘棠館は、其の結構極て斉整美麗なり。予其玄関迄は至りしかども、館中を周覧するには至らざりしなり。……甘棠一樹あり。先侯の園中より移し種る所にして、館の名くる所以なり。

淡窓が記している内容と南冥の述べるところとは一致しているのであって、甘棠館の講堂は六間四面（三十六坪）、寮（教室）は三間に十間（三十坪）、その他に供込、馬寮などが建てられおり、南冥の居宅とともに、学塾として淡窓の言う蜚英館、崇文館、千秋館、潜龍舎、幽蘭舎、虚白亭、九華堂などがあり、建物の規模としては修猷館よりも大きかったのではないかと推測することができる。

さて、甘棠館における教育の一端を見ることにしたい。まず、「甘棠館学規」についてであるが、前述したように「斐英館学規」とそれほどの違いはないものの、学問の要ついて「それ学は民の徳を成長し、世の道を行ひ輔くること是のみ」と言い、司馬遷の言葉を引用するなどして次のように述べている。

孔門の士、これ他術あるにあらず、周の時に方《あた》り、その読む所の書、まさに数部に過ぎざるべし。それ何を以てか其徳を成しも而して其道を行わんや。

そして、学規二十一条を説明することになる。教授官一人を立ててその任務は、学事を掌総し領して、教育の方針を立て、人材を育てることで邦治を賛《たす》けるべきであるとする。人の師となることはすこぶる難しいものがあるが、自分としては才に乏しいけれども、命を受けてこれに務めると述べている。以下、訓導を三人とし、句読師を五人、「課業日十二条」として講説、会読、輪講、独看、作文、作詩、習書、習算、教制、教兵、幼儀、試業であった。中でも注目されるのが「会読」(「斐英館学規」では「会講」となっていたもので、「奪席の栄」といわれるもの)で、学生が経典を解釈について論争し、これを訓導が判定し、三度勝った者が上席につく、とする制度である(この方法は、甘棠館で学んだ広瀬淡窓の咸宜園では「奪席会」と呼ばれ実施されていた。二・三も参照)。

その他、「甘棠館学規」には試験問題の内容まで述べられている。また、甘棠館においては、斐英館の時から同様の教育方針であった。それは、一七七二(安永元)年の「南冥堂規式三事」に見ることができる。三事とは、服労、徳班、責善である。服労では句読、答問、論稿、収威、説経の五科目をあげている。徳班は世を輔け民を長ずることが明示され、責善は朋友の道であり、礼法を遵守することを説いているが、これらが「甘棠館学規」に受け継がれている。

いずれにしても、南冥の教育のあり方は、門人たちの自発性・自主性を尊重し、個性を引き出して育てることが重視されている。この南冥の指導方法について、淡窓は『懐旧楼筆記』で、次のように述べている(同前述)。

先生極めて教育に長せり。蓋其人材を愛すること、天性に出でたり。人一善ありと雖も、敢て捨てす。中行の士も、亦之を愛す。狂簡の士亦之を愛す。人に於て、唯其長を見て、其短を見す。予が如きもの極て懶惰《らんだ》の性質にて、自ら奮ふこと能はす。然るに先生術を以て之を鼓舞し、止めんと欲すれとも能はさらしむ。其教導の術、抑揚測り難し。要するに、其の人をして、憤発踴躍《ふんぱつゆうやく》、自ら止むこと能はさらしむに在り。

南冥の教育が優れている点を挙げ、人材を愛することは天性であって、学ぶ者の長短を見極め、よく導くことができるとしている。

こうした内容であるからこそ、師である南冥の学問力だけにとどまることなく、新しい分野への研究者も育ったのであろう。例えば、秋月藩稽古堂の原古処《こしょ》（一七六七〜一八二七）、伝習館の牧園潜《ぼうざん》（茅山、一七六七〜一八三六）、蘭学者の青木興勝（一七六二〜一八一二）、内野元華《げんか》（一七四七〜?）、国学者の伊藤常足（一七七五〜一八五六）らであって、もちろん広瀬淡窓もその一人である。

そこで、甘棠館で学び、教授などの職に就いた若干の門人たちを紹介しておこう。

江上源蔵（一七五八〜一八二〇）

名は源、字は伯華、号は苓州。肥後天草の出身。南冥の最も信頼する弟子であり、重要な人物である。一七七八（安永七）年、南冥三十六歳の時、苓州二十一歳で門下生となる。甘棠館が一七八四（天明四）年に開校された際に、十人扶持をもって訓導となっている。そして、次のように申し渡されている（一七八四年八月六日付）。「数年来学問為修業亀井主水方へ罷越し学問筋格別御用にも可相立趣達御耳候、依之此の節被召出拾人扶持被下儒者家業被仰付、直礼城代組に被仰付候、御家法相守り入念相勤候事」とされ、福岡藩士として儒員となった。

また、星野陽秋への書簡には苓州が「愈儒官に仰付けられ、大悦御察の通りに御坐候」とあり、この書簡の末尾には「学問も随分繁昌日〻面白相暮居申候、只繁多紛冗不遑閑居、昼は五ツ頃より館へ罷出、七ツ過に引とり、其後無拠病家などに廻り申候条、多く夜に入りて帰り申候」とある。これを見るかぎり、南冥の忙しさはもちろんのこと、南冥を助けた苓州もまた同様であったろう。

その後、一七九二（寛政四）年、南冥が廃黜の後には甘棠館教授となり、一七九八（寛政十）年に甘棠館が廃校となるまでその役職を勤めることになる。南冥は重要な人物として極めて信頼し、孔子が顔回を愛していたように、苓州を「門下の顔回」だと称した。以後、子孫は福岡藩に仕えた。

國嶋　観

長門の出身で、名は文助、号は京山といい、「甘棠館学規」では苓州より名前が上に載っている人物。したがって、甘棠館が開校された際には、苓州とともに訓導となっているが、同年の内には長門に帰り、毛利家の儒員となっている。

山口主計

名は豊、字は士沛、号は白賁《はくひ》という。初め主計と称していたが、後に民平と改めている。肥前松浦の人で、十六歳の時に南冥の門下となっている。一七八六（天明六）年、甘棠館の訓導となり、廃校まで勤めた。その後は、南冥の長子昭陽と同じく城代組平士として烽火《ほうか》台の勤務を命じられている。一八一〇（文化七）年、改めて肱臥と称して、私塾で子弟の教育に当たった。一八三八（天保九）年、七十六歳で没している。

その子の山口駉《けい》は、二十九歳で藩の記録を司ることになり、江戸藩邸に勤務し、三十一歳の若さで没している。

後藤主税

南冥の門下にあって、甘棠館における指南役つまり訓導に起用された人物である。

原　古処

名は震平、字は士萠、号は臥雪といい、後に古処山人と名乗る。秋月より来訪して、一七八四（天明四）年に入門している。もと秋月藩の手塚家に生まれ、十六歳の時、原坦斎《たんさい》の養子となった。入門時は十八歳であり、わずか二年間のみであったが、一七八六（天明六）年に秋月藩稽古館の訓導に任ぜられた後も、南冥の教えを受けた。漢詩に才能を発揮した。家老を中心とする政変によって失脚し、その後は各地を周遊した。その古処の子には、詩人として傑出した存在で全国に知られる原采蘋《さいひん》（一七九八〜一八五九）がいる。

いよいよもって甘棠館での学問の始まりであり、しかも多くの門下生・弟子たちの協力の下に、学問所として出発するのであった。父聴因、その子南冥にとっては、人生における全盛の時期と言ってよいだろう。東学問所の修猷館では朱子学を中心とする学問が講じられ、西学問所の甘棠館では徂徠学派として、それぞれ教育が始められるのである。しかも、当時の隆盛ぶりとしては、修猷館よりは多くの門人が甘棠館に出入りしていたといわれている。武士身分の階級を問わず、下級武士が中心ではあったが、学問所として政事（政治）の要諦を中心とした教育が開始された。

ここに二つの学問所があることになるが、互いの関係はどうであったろうか。この二つの学問所は対立的ではなく、共に開校時あるいは事務的な面では、互いに協力的であり、両学問所への藩の期待は大きなものがあったと言えよう。これを窺い知ることができるものとして、一七八三（天明三）年七月二十九日付の南冥から竹田助太夫宛の書簡に、次のようにある。

第一条　子弟の心得を主としたる御書付と存じ奉り候に付、やはり此通り然るべく候。
第二条　学中師役の面〻の心得のみの事と存じ奉り候へは、今少し委敷方然るべきと存じ奉り候。此書物は以後壁書に相成り候へは、自然は他国の人も見申すべく候に付ては、重き事に御座候、少しはまり候ても然るべく存じ奉り候に付、右の通りに御座候。

そして、東西学問所の師役の心得として、次のようにある。

一　忠孝の道を宗とし、礼儀廉恥を弁へ、身持覚悟宜、先〻相応に御用に相立候様弟子の輩、相導き申すべき事
一　師役の面〻聖賢の教法を相守り、学問所作法正しく指南方解怠《かいたい》これなき様相心得べき事
一　稽古人貴賤に限らず、つとめおこたりを相調べ歳の終に申し出づべき事

しかし、東学問所修猷館からすると、朱子学者である貝原益軒の流れを汲んでいることから、同時開校ではあっても多少の自負心のようなものが働いていたと思われる。南冥に対する竹田定良の発言に諭すような内容も伝えられていて、それに対しては南冥も「狂狷《きょうけん》」（理想に走ることで常識にはずれており、信ずるところを断固としてまげることをしない）をもって応えたというのである。このようなことがあり、次第に対立していくようになったのではないだろうか。

しかも、その後、開校してわずか二十日余り過ぎた一七八四（天明四）年二月二十三日、志賀島で「金印」が発見されるのであった。そして、その鑑定書である『金印弁』が書かれ、南冥自身の手によって解明されていくことになる。この出来事があって、対立は激化したとも言えるのである。

六

金印と『金印弁』

六・一――金印発見の経緯

「金印」の発見とその鑑定に南冥が深く関わっていることは、すでに多くの識者によって論じられており、南冥の著作の一つ『金印弁』について触れた論文も見ることができる。同時にこの金印そのものを贋作とする説、つまり南冥が町人出であるためにさらなる功を上げようと金印を贋作したとする見方があるが、ここではその真偽については論じない。なぜなら、これも一つの考え方であって、それらへの反駁をするだけの確証を得ていないからである。したがって、従来からある通説に従い、『金印弁』の内容を略述していきたいと思う。また、金印の真偽そのものや金印に関係した様々な論稿についても、ここでは触れない。

金印の発見は、一七八四（天明四）年二月二十三日のことである。西学問所甘棠館が開校されてわずか二十二日後のことであった。最初、志賀島内の志賀大明神に奉納されようとしたが、宮司が神慮に叶わないとの神託を得たとして、那珂《なか》郡奉行の津田源次郎に差し出したというのである（別の記録のことについて触れておくと、『筑前国続風土記附録』巻三の「志賀社」の中に「叶の浜　此所の事本編に詳なり。天明四年二月志賀の農民、此辺の土中より金印を得たる事あり」とする記述がある）。

そこで、発見から南冥の許に届くまでの過程をたどることにしたい。志賀島に叶の崎といわれる所があり、「百姓」である兄弟で兄の喜兵衛と弟の甚兵衛（実際は、仙厓《せんがい》（博多の禅僧、一七五〇～一八三七）の「志賀島小幅」では秀治と喜平とあり、南冥の『万暦家内年鑑』では秀治となっており、甚兵衛ではない）が田の境の溝の流れがよくないので、溝の形を直そうとして岸を切り落としていこうとしていた。小石が次々に出てくるが、二人がかりで持ち上げるほどの石にぶつかったので、それを取り除こうとしていると、石の間に光るものがあり、金の印判のようなものであった。今までに見たこともない品であったために、喜兵衛がかつて奉公していた福岡の豪商である米屋才蔵（才蔵は南冥の子昭陽の長子である蓬洲の外曾祖にあたる人物、したがって南冥とは知り合いということになる）のところへ持って出た。そして、三月十五日、庄屋の武蔵から役所に差し出すようにいわれたので、早速にも、那珂郡奉行である津田源次郎宅に預けられることになったのである。津田源次郎（那珂・席田《むしろだ》・夜須《やす》・御笠《みかさ》四郡の受持の奉行）は、南冥の弟子でもあり、その子息もまた甘棠館の門人であった。

庄屋の武蔵、組頭の吉三、勘蔵の三名の連署によって、添え文とともに役所に届けられたのである。

那珂郡志賀嶋村百姓甚兵衛申上る口上之覚

一、私抱田地叶の崎と申所、田境之中溝水行悪敷御坐候に付、先月廿三日右之溝形を仕直し可申迚《とて》、岸を切落し居申候処、小き石段〻出候内、弐人持程之石有之、かな手子にて掘り除け申候処、石之間に光り候物有之に付、取上水にてすゝぎ上げ、見申候処、金之印判之様成物にて御坐候。私共見申たる儀も、無御坐品に御坐候間、私兄喜兵衛、以前奉公仕居申候福岡町家衆之方へ持参り、喜兵衛より見せ申候へば、大切成品之由被申候に付、其儘直し置候処、昨十五日、庄屋殿より右之品早速御役所江差出候様被申付候間、則差出申上候。何れ宜敷被仰付可被為下候、奉願上候。以上

志賀嶋村百生　甚兵衛（印）

天明四年三月十六日

津田源次郎様

御役所

右甚兵衛申上候通、少も相違無御坐候。右体之品掘出候はば、不差置、速に可申出儀に

御坐候ふかと奉存、市中風説も御坐候迄指出不申上候段、不念千万可申上様も無御坐、奉恐入候。何分共宜様被仰付可被為下候、奉願上候、以上

同庄屋　武蔵（印）
組頭　吉三（印）
同　勘蔵（印）

同年同月

津田源次郎様
御役所

このような内容を持つ「口上書」であるが、これらの内容にはやや疑問があるとする指摘がある。中でも、最初に示された「兄の喜兵衛に見せたところ、貴重な物なので、大事にしまっておくように」とされる部分と、その後にある「奥書」の中の「このような品物を掘り出したならば、自分のところに置き止めずに、直ちに役所に届け出るべきではありましたが、うっかりして世間に噂が広まるまで届け出なかったことは、誠に遺憾なことで、恐れ入ったしだいであります」とする部分は、事実ではないとされている。つまり、米屋才蔵・南冥・津田の三者のだれかが保管した上で、三人による処置をめぐる議論が続けられた可能性が強い、と言うのである。というのも、才蔵はこれを買い求めて、溶解した上で、武具の飾りに

しようとしたという話があり、南冥は金印のことを才蔵に聴き、郡奉行には即金で十五両で購入しようと申し入れたが、その申出は聴き入れられなかったという。また、南冥はさらに百両を出してもよいとしたので、さすがの郡奉行も驚き、福岡藩に届け出たということである。

こうして、藩では南冥及び修猷館の教授に命じて金印の考証をさせ、発見者の甚兵衛にはいくらかの金品を遣わして、金印は藩に収められたのであった。

南冥は『金印弁』並びに『金印弁或問《わくもん》』を著し、昭陽は後に「与平子敬書」の中で、「漢印之為公府之宝、先人殆有力焉」と述べている。

六・二――南冥の鑑定

実際の鑑定にあたって、南冥及び修猷館では、どのような見解が述べられたのかを見ていくことにしよう。

まず、南冥による「金印鑑定書」二通は、次のようなものであった。

○方七歩八里　高三歩　鈕蛇高四歩　重七十九匁

○唐土の書に本朝を倭奴国と有之候　委字は倭字を略したる者と相見申候

『金印弁』では、『後漢書東夷伝』及び『三国志倭人伝』からの引用を行い、中国王朝への朝貢に対して印綬の授与という制度があったことを示し、金印の文字からすると、光武帝からの授与であるとしている（引用に当たっては古文書特有の字は読み替え、カタカナは平仮名に変更した）。

右二書（『後漢書東夷伝』と『三国志倭人伝』のこと）に載たる所によるに、異国より本朝に印綬を送りたる事昭然として、著しきことなり、三国より以後、隋唐の際は、尚又使者往来も繁く、種々の珍宝なとも、互に贈答ありし事なれと、印綬の事は彼国の記録にも見当らす、殊に隋の末、唐の初よりは、倭の名を改め、日本と称したれは、明の万暦年中に、太閤秀吉公に印綬を送りたれと、日本国王と記せり、是に因て考れは、此金印は右二書に載たる二印の内には相違はあるましき也、但し、漢と称したれは、二印の内にては、光武の印最近きにや、其形製篆刻の模様は、集古印譜の漢魏古印に正すに、字法刀法ともに疑ふ方なき真物と見えたり、されは右の金印已に千六百年余の古物にて、異国の文字本朝に渡りたるは、此印を以て最初とすへけれは、希代の珍宝と謂つへし、

且は我筑州興学の初年に限り顕れぬれは、文明の祥瑞とも云ふへきにや、

多くの内容を説明するまでもなく、漢の光武帝の時に印綬として日本に遣わされたものである、と述べている。

そして、『金印弁或問』においては、九つの質問に答えるという形式となって、金印の説明がなされている。

第一問は、金印が千年以上も地中に埋もれていたのに、文字の一点一画も毀損していないのは、新しく作られているのではないか。答えは、許慎（三〇頃～一二四頃の後漢の学者で、『説文解字』を著す）の一文「金有五色黄金為長、久埋《くて》不生百陶《たひめ》不軽」を引用した上で、幾年も土中にあっても鏽《さび》つかないのは陶器と同じである。だから、摩滅することもないもので、許慎の言うとおりである。

第二問は、この印が蛇紐になっているのはどうしてか。答えは、『集古印譜』からすると、晋は虺紐《きちゆう》（虺とはまむしのこと）を用いているが、漢と晋は相続いた世代だから、虺紐と同様に蛇紐を用いたと考える。

第三問は、金印は鋳物ではないか。答えは、細工に巧者な者に尋ねたが、黄金は不思議な宝で、鋳物を彫刻することは自由で、鋳物としての金とは金が格別に違っていると言える。

第四問（この問いが最も注目を必要とすると考えられることから、問いの全文と答えの一部をそれぞれ原文から引用しておきたい。なお、カタカナ書きを平仮名とした）は、「或問て曰、異国にて本朝の国号を種々に名つけたる内、倭奴国と云たるは、北胡を匈奴と称したる同意にて、大に鄙めたる詞なるへし、本朝は神国なるを、奴僕の奴の字を加へたるは、不満なる事ならんや」というもので、金印の「漢委奴国王」という字面が問題で、なぜ「奴」という文字が使われているのか、というものである。

答えは、やや長い引用になるが、次のようになっている。

「古語に知る所すくなけれは、疑ふ所多く云へり、倭奴の奴を奴僕の奴と心得るは、実に文盲なる疑ひなり、異国にて倭奴国と称する事、慥《たしか》なる註釈とてはなけれも、鄙めたる詞に非さる事は明白なり、其訳いかにとなれは、蛮夷の外国より漢魏晋なとに使を通したる事、何十箇国ともなく夥き事なり、然るに、奴の字を加へたるはなくて、本朝に限り、鄙めて奴の字を加ふへき訳、さらになし、愚案には、本朝より漢に使を通し玉ひしは、文字もなき時節なれは、彼国にて、国の名はいか〻なりやと問たらんに、本朝の使者口上にて、やまとのくにと答へたるなるへし、彼国にて本朝の国号を倭と名つけたる事は、漢以前よりの事なれは、やまとのくにと云詞について、奴の字を加へて、倭奴国《やまとのくに》と記したるなるへし、奴は華音にて、のと出るなり、武備志日本考に、美濃を米奴《みの》と訳し、紀伊を乞奴苦芸《きのくに》と訳し、音韻字海の内に、本朝の詞を訳したるにも、牛角を吾失祖奴《うしつの》とし、鶴項を它立奴谷只《つるのくひ》と書たるにて、考へしるへし、……」とし、さらには「……韓奴国、越奴国、呉奴国、蜀奴国、朝鮮奴国、……」もあるとする。また、「……漢の代にも、高奴王、雍奴侯なともあり、……」と述べている。だから、「奴」は「の」と読むのであって、彼の国を咎めるのは無理な腹立ちであるというのである。

この問答にこそ、南冥の学者としての真摯な態度が見えるのではないだろうか。かなり文献学的な考証となっている。

第五問は、金印のことを、『後漢書』や『三国志』に記しているならば、『日本紀』にもあるはずだが、ないのはどうしてか。答えは、記録のことであるが、これこそ後漢の光武中元二年、魏の景初二年のことで、日本では神功皇后の時で、時代が異なっている。垂仁天皇の時にこの金印が志賀島に埋もれたとしても、『日本紀』の舎人親王はそれ以前の人であるので、時代が違い、日本に記録が残っていないのは当然ではないか、とする。

第六問は、松下見林の『異称伝』では神武天皇の時、文字にも通暁し、応神天皇の時にも経学が盛んであったので、文字は人皇の初めからあったのではないか。答えは、見林の説はおかしい、神武天皇の時より文字があれば、神功皇后までは八百年になるので、文字に詳しいはずである。この間に文字はなかったはずである。貝原好古、大江匡房も言っているが、応神天皇以前には文字はなかった。見林の説は神国を貴いものとしたために、誤り、杜撰《ずさん》でしかない。

第七問は、水戸黄門公の『日本史外国伝』の説で、推古帝の時に初めて隋に使いを送っており、それ以前にはないとしているが、英雄の明断と言うべきではないかとあり、然るに『後漢書東夷伝』、『光武本紀』、『三国志』にも詳しいところがある。本紀には使いを遣わした記録があり、朝貢封爵のことを論ずるとしても、我神国、彼国の封爵を受けたことはもちろんであるし、彼国で朝貢と記したとしても、互いの言い分のようなものであって、論ずるに足りない。

第八問は、この印の「漢委奴国王」という文字は、漢の属国とし、我神国を潰すのと同然ではないかというもので、次のように答えている。この箇所はよく引用されるところなので、原文のままに引用しておこう。その一節で「……此方より謂ひ玉はさるを、漢より推て王位に封し属国にしたるは、不届千万の無礼ならんや、されはこそ此印参りたる時の天子、怒らせ玉ひ、此島に棄させ玉ひたるなるへし、天子の怒らせられ、棄玉ひたる印ならは、今とても取上まきし事ならん……」と述べ、さらに「……垂仁帝神功后宮の比《ころ》までは、人皇にならせられて、漸く十代余りの事にて、文字さへなければは、万事不足なる時節なり、彼国は是に異なり、堯舜より夏殷周戦国秦漢を歴《へ》て、後漢に移りぬれは、文明の最中なり、殊に天下の中央に国して、四方の夷狄も追々帰伏し、国境の広大なる事、本朝十倍の余なれは、本朝の使者参りたるに、右の通り文字も通せす、万事不束なる模様なれは一通りの夷狄と存し、御使者を朝貢と申立て、封爵を与へ属国にしたるも、さもあるへき事にて、強て漢を咎むへき事に非す……」と言うのである。わが国が神国であることを特に強調しながらも、この印を潰すなどはもってのほかであるとしている。

第九問は、漢の古物であって、珍宝であり、尊崇すべきものかどうか。これに対しては、聖人の開闢《かいびゃく》した国であって、五常九経などの道として開け、文字を制作し、古来聖人の礼楽刑政は後代にも伝わっている。特に、文字は大切であって、わが国もその文字の恩恵を蒙っているのであるが、それをさらには大和言葉としていき、さらにこの印は応神天皇以前のものであるとともに、筑前は応神天皇ご誕生の地でもあり、この印がこの地に顕れたのは不思議なことである。文字の恩徳もそうであるが、異国を拒むことなく、道理を詳らかにすることこそ大切である。

このような内容のものであるが、金印の考証とともに、かなり歴史観が表れている内容でもある。特に、金印の大切さもさることながら、日本という国を神国とし、天照大神以来、神武天皇をはじめとする多くの天皇の名前が登場するのである。この点からすると、まさに神国日本の歴史を陳《の》べているのではないかとも思えるくらいである。金印については、その由来を説くとともに、金印の大切さを訴えたものと言えるであろう。

ただ、先述のように金印を南冥の贋作とする説があり、贋作説から考えると、『金印弁』は単なる偽作とも言えるものであって、何ら資料的な価値がないと言うことができる。しかしながら、金印のことにこれほどまでに考証を尽くすのは、南冥の深い思いというものがあってのことで、学者としての詳細な論証が展開されたと見ることができる。金印の真偽については措《お》いて、学者としての南冥の姿がいかんなく発揮されているものと言える。

だからこそ、その後の「岡県白島碑文」や「太宰府旧址碑文」についての問題が起こってくるだけの素地を、ここに見ることも可能かも知れない。

六・三――その後の「金印」の行方

金印の鑑定については修猷館の教授たちも意見を述べているが、そのことを簡単に記すことにしよう。

倭奴ハ日本ノ古号ナリ。漢委奴国王トハ漢代ノ臣倭奴国王ノ印ト云意ナリ。……疑クハ後漢ノ光武帝ヨリ垂仁天皇ニ授ケラレタル印ナランカ……

此印如何ニシテ当国ノ海島ニ埋レタルヤト思フニ、寿永年中平氏ノ乱ニ、安徳帝筑紫ニ落下リ玉ヒ、当国ニ暫ク皇居ヲスヘ、程ナク又此地ヲ出テ、讃岐ノ八島ニ赴ク。其後終ニ壇浦ニテ入水シ玉ヘリ。此時三種神器ヲ始メ、重宝ナドヲ持セ玉ヒタル内ニ、此印モアリテ、此国ヨリ他国へ移リ玉フ時、路ニテ取落シタルカ、又ハ入水ノ時、海中ニ没シ、此嶋ニ流寄テ、終ニ土中ニ埋レタルニテモ有ンカ。

このように述べたのは、竹田定良、島村常、真藤世範、安井儀、奥山弘道の五人であったという。南冥と比較すれば、明らかにその考証の曖昧さがわかると言えよう。前半部の光武帝から授けられたものという点は、史実にもとづき、南冥とも同じと言える。しかし、後半部の内容にいたっては、安徳天皇の壇の浦での平家敗北に起因させて、これが流れついたものだとする、きわめて荒唐無稽な話になっており、誰が考えてもおかしなものである。ただ、なぜこのような内容となったかについては明らかではない。

いずれにしても、その後金印は藩に収められ、黒田家のものになった。

現在はというと、一九七九年、福岡市美術館が開館するのに伴って黒田家から寄贈され、一九九〇年に開館した福岡市博物館に移管されている。

七

南冥への加増、そして罷免（廃黜）

七・一――南冥への加増

一七八五（天明五）年、南冥と親交のあった島田藍泉は、徳山藩の鳴鳳館の教授となっているが、互いに手紙のやり取りをしており、事あるごとにその友情は深められていた。同年、十三歳になっていた長子昭陽を伴い、福岡藩の支藩である秋月藩の黒田長舒《ながのぶ》（朝陽、日向高鍋の藩主秋月氏の第二子）に謁見しているが、これ以後南冥は、毎月、秋月藩に出かけて行き、講義をしたのである。後に、主著である『論語語由』は、秋月藩主の計らいもあって発刊され、同書序文は、黒田長舒とその子黒田長房によって書かれている。出版は南冥六十四歳の時、一八〇六（文化三）年のことである。

翌一七八六（天明六）年には、門人の山口主計が十人扶持の儒官に任じられることになり、南冥の開校した西学問所甘棠館は多くの学生を集め、隆盛を誇ることになる。しかも、一七八七（天明七）年二月十五日、南冥は一五〇石を加増されることとなった（この時、東学問所修猷館も加増されており、三二〇石となっている）。南冥は、亀井主水の名で仰せつかった。

御納戸組儒医　亀井主水

西学問稽古所は師範之輩少候に付、指南方別而致辛苦、其上稽古所被建候以後は医業の方も多くは相止め、格別致出精御用達候段達御耳候、彼是格別を以て御蔵米百五十俵被下候、弥精を出し可相勤候事

こう申し渡されることで、友人の藍泉をはじめとして内外の知友から多くの祝辞が寄せられた。

さらに一七八八（天明八）年には、京都の書肆（出版社）から詩集が刊行されるまでになっていた（この詩集は、結局、出版されなかったようである）。その詩集の序文は、藍泉によって書かれている。

これを前にしては轍を李王に合し、これを後にしては軌を欧蘇《おうそ》（宋代の欧陽脩・蘇軾）にならぶ。蓋し才性の俊と巧思の妙とは、境趣の豹変竜化する毎に端倪《たんげい》（推測する）すべからず。すなわち局従拘攣《こうわん》（こだわってまげる）偏長自ら安んずる者をして観しむれば、誰

か両手に出づと謂わざらんや。……長技の致す所なりと雖も、その人と為りにあらざるよりは、誰か敢えて与らん

このような内容であるとともに、教育上の功績が述べられて、荻生徂徠や伊藤仁斎にも優るとも劣らぬ人物であると賞賛されており、しかも、この文は「波瀾大濶究詰すべからず」という語句をもって始まり、終わっている。つまり、波瀾であり、渦巻く海原はその正体を究めていくことができないというもので、まさしく南冥の性格とともに、彼の学問観について述べた内容ともなっている。

七・二――「岡県（縣）白島碑」をめぐって

一七八七（天明七）年、南冥四十五歳になる二月には加増され、より一層の発展をみせることになった。

同年三月には、その後の南冥にとって重要な問題ともなる「岡県《おかあがた》白島碑」が完成した。白島（現在、北九州市若松区）を、宗像の沖にある大島とする説や沖の島と考える説がある。しかし、現在の男島と女島の二島からなるのが白島である。碑文はこの島が藩領となる経緯を

述べたものである。この碑文は、南冥の門人でもある山鹿浦の大庄屋である秋枝広成（甚次郎、字は太一、号は瑞芝園）から依頼を受けて南冥が書き上げ、弟の曇栄が揮毫することで彫り上げられたものである。

内容は次のようになっている（原文は漢文で、不明の文字もあるため、その大意のみとする）。なお、末尾に年代があるために、この時期のものと判断することができる（「天明丁未」は一七八七年）。

天明丁未春三月　国学教授亀井魯道載撰
　　萬年禅寺幻庵曄曇栄書

白島は、荻生徂徠の「臨江亭記」の中で、「豊與筑長二侯協撃殲盗干白島」（豊と筑長二侯のとき協撃して盗を白島に殲《ほろ》ぼす）と述べている「白島」のことである。かつて毛利元就が西に向かった際に、この島に碇を下ろしたが、抜けなくなったために、泳ぎの上手な者を募り、抜かせようとした。そうしたところ脇田浦の「外」（「具波伊」、「グワイ」と呼ばれる賤民）が、深海に潜って碇を見事に負って出てくることができたため、元就はその功績に報いるために白島を与えた。白島は、地理的には筑前領とは言えないが、この「外」

のおかげて筑前領となったのであり、それ以来、二百余年、長州の人と利を争うことなく、沿海の民も恩恵を受けている。「外」の功績には偉大なものがある。

この碑文中で荻生徂徠が述べているのは、豊前及び筑前と長門のことであるとされる。この碑文が彫り上げられたものの、藩の役人である加藤虞山《ぐざん》（一成、朱子学者でもある）によって碑文の磨り潰しが命じられることになる。その後、浦奉行の命令で、新宮の大庄屋新左衛門が派遣され、その面前で磨り潰しの証明書となる「口上書」が書かせられることになった。また、大目付によって「打砕き候哉否吟味の為」に二人の役人が派遣されたのであった。

七・三――「太宰府旧址碑文」とは

次に、もう一つの碑文についても触れなければならない。それが「太宰府旧址碑文」であり、一七八九（寛政元）年十一月に完成、南冥四十七歳の時のものである。

建碑の理由としては、大宰府の顕彰とその歴史的な意義を記すとする名目で、初めは南冥個人による発案であったようである。しかしながら、財政面からの折り合いがつかないままであった。そこで、商人である平山鼎、山際脊、秋枝広成ら三人が後援することになる。石の選定から彫刻、さらには築造も堅牢なものにしようとして、計画は終了した。そして、藩に願い出たが、結論が出るまでには半年ほどもかかり、その結果は許されることはなく、中止せざるをえないものとなった。

なぜ、このようなことになったかは定かではないが、一説ではその碑文の内容に尚古《しょうこ》主義ないし尊王論的なところがあり、それが藩にとって慎重な態度を取らせたのではないかと推測されている（記録という意味からも、その全文を掲載しておきたい）。

在昔郡縣為治。本藩置太宰府。與奥鎮府東西対峙。布政牧民。且備外寇。制甚簒重。但以太宰府兼統百済唐山渤澥等聘使。文武具官　冊命　親王。主師之。非如奥専用武。即（以）権帥大貳来莅。若黄備大江二公。其最著称矣。若乃菅公以右大臣左遷権帥。盖異数云。菅公既以讒至此。悒鬱不楽竟薨。而葬実安楽寺。及天誘其衷。京師亟災

天子動心。感悟其非罪。追贈旌徳。祠而祀之。寵之四方。今太宰府顕矣。菅公有詩曰。都府楼纔看瓦色。説者曰。有楼已廃圯。唯古瓦供器翫。猶未央銅雀比也。或曰。不然。有桜而不登。独望見其甍。述幽閴不出門也。不則其対曰観音寺只聴鐘声。何以為説。二説未知孰是。要之菅公即世。業已数百千年。而太宰府之作未知前菅公幾百閲歳。則禦寇所謂。如存如亡者。誰得（而）詳之。余独悲菅公以太宰府大顯。而太宰府為菅公掩。人

太宰府旧址碑（右　都府楼跡）

知以詩珍其瓦。而不知其詩以瓦伝。墾闢其墟。泯滅殆盡。豈菅公之意乎。先儒貝翁篤信作方志。至府旧址。考索詳甚。猶可頤指而箸数然。以我心之戚々。推翁之紀載詳如彼。翁豈獲我心千百年上者非耶。何以存旧址。垂諸無窮。於是樹石略記顚末以銘之。若其地方面名称等。方志盡之。不復贅焉。即移旧礎三枚。布列碑前。庶存古也。伏惟。当今封建国邑。名器非古。以我先侯有大勲労于慶長際。享封　本藩。仍
命兵備西南蛮夷。奕葉守職。而海不揚波。奥大国也。大小諸侯。封疆相接。俗又驍武。何有乎毛人蝦夷。夫世遷物換天之数也。惟能納民軌物。置天下盤石上。無古今一已。於乎盛矣哉。銘曰

蕩々大礮　皇露攸躔　八挺環海　一嶽柱天　孕珠毓金　山媚水鮮

奥鎮東北　岩邑緜延　命筑與肥　控制戎蠻　蠻舶

越翎　出没如煙
賄貨蔵禍　重訳通津　鎮台厳備　艨艟殷轔　観時開務　宜稽古賢
都府存蹟　片石屹然　周文服事　商鼎不遷　宇宙自若　帯礪恒新
百王一姓　千億万年
維時
寛政改元己酉仲冬　筑前福岡府甘棠館祭酒亀井魯道載甫撰幷書　印　印

内容は、大宰府のことを顕彰しており、大宰府は鎮府として百済、唐、渤海などからの使者を招くなどし、大弐の位にある。同時に菅原道真（八四五～九〇三）についても述べ、道真（菅公と呼ぶ）の詩を引用もし、さらには貝原益軒についても触れられている。こうして大宰府が、歴史的にも重要であることが積極的に説かれるのであった。

現在、太宰府の都府楼跡には、大宰府旧址の所在地の名称、所在地を示す遺物の旧礎石三枚があり、これらは一九一四（大正三）年の建立である。

七・四――南冥の反論

「白島碑」について

南冥が学者として出発し、隆盛を迎えようとするこの時期、この二つの碑文の建立にあたって藩命で中止せざるをえなくなるという問題は、かなり由々しい事態ではなかったであろうか。そこで、南冥は彼に対し好意的な態度を取ってくれている家老の久野外記に「陳情書」(「口上の覚」)を提出するのである(なお、久野外記は一七九〇年に亡くなっていることから、南冥への後ろ盾に当たる人物の死去もまた、その後の南冥への処遇に大きく関係していることがわかるが、このことについては後述する)。

この「陳情書」は「岡県白島碑」及び「太宰府旧址碑文」の二つの内容について述べられている。かなりの長文ではあるが、それぞれその内容について南冥の言説を追っていくことにしよう。

まず、「岡県白島碑」について、次のように述べている。

……右碑文先年書遺し候私主意は、グワイと申者、至而下賤之者に御座候得共、二百年来、遠賀郡漁者の為めに、大功を立居申候は、実に賞美すべき事にて、其名も後に伝ふべき次第に御座候、それを勘次郎存附、財用をおしまず碑を建て候も、大庄屋相応、殊勝の志と奉存候間、書遺申候、然る処右文章の内、荻生惣右衛門豊前臨江亭の記に、「與《ママ》筑長二侯協撃殲盗于白島」と有之を引、白島之証拠に仕り候を、虞山評して申候は、白島沖にて唐人を殺し候は、御国御一手之功名也、右に付公儀よりも、御賞美として白銀時服拝領被仰付候、然るを長門豊前と申談候而殺候様に相聞申候へば、御国之功名を薄くなし候と申す者に候間、此文は不可然よし評し候と承申候、……

というように、加藤虞山の言論をあげており、歴史的な内容を述べるとともに、弁明のような内容が続いたのちに、次のように続けている。

……それを私引申候は、荻生が文は日本国中かくれなく皆存候間、白島之証拠にいたしたるまでの事にて、何んぞや御国の御功名を書立候文章にては無御座候、御国御功名之儀は辱なくも、天下之人皆〻存居候儀にて、白島の碑に記し候に及不申候、且は右之商売船を皆殺したればとて、御国之功名じやの、御功名が薄くなるなどと申は、かたはら痛き評どもに御座候、右に付、公儀より白銀時服之拝領は、豊前も同様之由承居申候、長門は承り不申候へ共、定而御三国御同様之事にて可有御座存候、右申通りいかに文盲の人にても、分り安き道理に御座候へ共、巧言令色之人あしく申成候日には、表裏黒白のちがいと成行候段、可畏の甚き御事と奉存候、乍然小人のそねみにかかり、身をうしなひ禍に逢し者は、古今共に何程も御座候へば、碑を立候事、御免無之位の間違は、勿論可有之筈に御座候得共、表向ともしれず、又は内〻事にても無之、碑石を打砕かれ候次第、何と申御政道にて可有御座候哉、近頃笑止なる御事どもに奉存候。

かなり憤懣やるかたのない南冥の言葉であり、加藤虞山を巧言令色の人と罵っているのがわかる。このような態度に及ぶということは、この碑文の作成に並々ならぬ意思がはたらいているとしか考えようがないのではないか。そして、碑文の正当性については、次のように述べる。

……碑文はやはり草稿に書記居申候事故、他国の弟子など好みに任せ写しかへり、日本国中何方へも飛廻り申候へば、碑は砕かれ候詮無之儀に候、左候へば小児などの腹立候而、秘蔵の茶碗を打砕き、よき気味也とて悦と同様之事にて、御政道とは御同席とても被思召間敷奉存候、御政道に筋道立候を政道と承及申候へば、右之碑を砕かせられ候程ならば、其文を作り候私儀、並書調候曇栄は遠島か、今一際手厳き刑法にも可被仰付筈之儀に御座候、私兄弟の者も、道理之立たる事にて刑に被行候は、少も御恨みに不奉存候得共、折角精神を入れ、拵立候碑文を、何之訳とも相分らず、役人之手より内密に打砕かれ候は、無念のむ次第に奉存候、是を無念と不存ば、一向之阿房と申者に御座候へば、鳳陽院様新に被召出候儀、能〻御不明之御事に御座候、其上今日迄学問所請持被仰付置候段、さりとは不都合千万と奉存候、……

藩の政道への中傷とともに、憤懣だけではなく、自らの一身及び弟曇栄に対する思い、さらには創設開校を受けた甘棠館のことにまで及んでいるのは、南冥の並々ならぬ思いがこの碑文にあったと言えよう。しかしながら、なぜこれほどまでの思いを持っていたのか、十分な史料は存在していない。

「太宰府碑」について

先の内容は「白島碑」への打ち砕きに対する南冥の憤りとも言えるものであったが、この「口上の覚」は、続けて「太宰府碑」にも及んでいるのである。「一向筋道相分らず」と述べ、関係者ともども迷惑を被っていると述べ、次のように言う。

……此等之事も皆〻虞山内〻にて取計候儀と世間一統風説承及申候、虞山事私兄弟に何之恨み御座候哉、何事によらず相妨げ申候、此頃も芦屋観音寺住持不行跡に付、崇福寺より咎め申付候処、虞山賄賂をとり、旦那共に依怙いたし、種〻之事を企み申候様子に相聞申候、虞山人物元来事之理筋、善悪、是非などの見へ分り候眼にては無御座候得共、風土記之書続など被仰付候へば、自然と貝原益軒にもつづき候学者の様に、自身にも自慢し、世間よりも存入候哉に御座候……

これはまた、かなり一方的な言い分になってはいないだろうか。加藤虞山は賄賂まで受け取っている、と誹謗中傷している。そして貝原益軒を持ち出し、こうした学者に続く者とでも言わんばかりの虞山だとする。この一文には学者としての南冥らしからぬものを読み取ることができる。このような誹《そし》りに近い内容になったのには、よほどの理由がなければならない。

……乍去私兄弟も、老母病衰仕り、月日を相待ち居り申し候へば、母存命之内は、何事も堪忍仕、身持等慎しみを重ね、大怪我不仕様に用心のみ仕居申候、尊君様えは、是迄之御懇意被仰付候へば、自然兄弟之者御不便にも被思召上被下候はば、此以後私兄弟にかかり候御詮議事は、十に七八迄は、虞山より内〻申込、伊織様御取上被成候儀、明白に御座候へば、乍憚其の次第能〻御聴調べ、被被仰付為下候様に千万奉願候、……

ここに至って、もはや論じることをしなくなり、ただただ自らの立場は悪くないとし、哀願に近い内容となっている。

これらの内容についての判断は慎重でなければならないであろう。南冥の一方的な言説を鵜呑みにしてしまうと、藩の役人である加藤虞山による判断がすべて悪いということになるからである。だからといって、藩の判断には詳しい史料がない状況であるとともに、南冥の言論には尊王論的な言説もあるという指摘からすると、十分な配慮と判断が必要となる。

家老の久野外記に宛てた内容は全部ではないが、その一部を垣間見ただけでも、南冥が「白島碑」、「太宰府碑」に込めた気概のようなものが伝わってくる。ただ、南冥と家老とはかなり深い関係で結ばれていたことはすでに述べたが、このことからしても、やはり南冥の一方的な思いだけが先走っていると感じられてならない。

七・五――建碑不許可の問題点と廃黜

ここで少しばかり、建碑がなぜ不許可となったかを述べておくと、荻生徂徠の「臨江亭記」の中で、「豊與筑長二侯協撃殲盗干白島」と述べている箇所については、南冥の読み違いがあるとされる点である。徂徠の内容は小倉藩の求めに応じて書かれたもの（二亭とは小倉藩の別荘である「臨江亭」と「忘言亭」のこと）で、小笠原氏を称賛し、白島沖の唐船焼き討ちの功績は小倉藩にあるとするものである。したがって、福岡藩の功績には触れられてはおらず、無視されたも同然であったと言えるのであり、このことを加藤虞山は許すことができなかったと考えられる。

このことからしても、検証することが得意なはずの学者としての南冥にとって致命的な出来事とも言えるだろう。隆盛期の南冥にとって問題を残したとも言える。

その後のことについて一言付け加えておきたい。というのは、先の手紙の中にもあったように、南冥の母が亡くなったのが一七九〇（寛政二）年十月であり、同年の五月には寛政異学の禁が発せられており、さらに家老の久野外記が一七九〇（寛政二）年十一月に亡くなっているという事実である。一七九〇（寛政二）年は、南冥にとって一つの転機の年と言ってよい。

南冥もまた、その二年後の一七九二（寛政四）年、はっきりはしないが藩政批判を理由に蟄居となっていることを思えば、近因として直接的には、この建碑不許可問題が影響しているのではないか。しかも藩政への批判については、これら碑文とともに、南冥の若い時からの著作である『泱泱余響』をはじめ、『肥後物語』さらには『半夜話』なども遠因となっているのかも知れない。

八

罷免とその後

八・一――蟄居謹慎の状況

一七九〇（寛政二）年、南冥四十八歳の時、南冥の後ろ盾とも言える家老の久野外記が死去している。

やや横道にそれるが、家老の久野は博多の禅僧である仙厓《せんがい》（一七五〇～一八三七）と交流があったという。仙厓は、ほぼ同時代の博多を代表する有名な禅僧である。南冥と仙厓の交流があったかどうかについては、はっきりしていない。

同年、尊王思想家であり、吉田松陰（一八三〇～五九）など幕末の志士たちに影響を与えたといわれる高山彦九郎（一七四九～九三。垂加流の尊王思想を学び、三十数か国を歴遊し、幕府の圧迫をうけて久留米で自刃した）が九州にやって来た。高山彦九郎は弟曇栄と交流することになり、南冥も当然に交流を持ったであろう。この点で、南冥もまた勤王思想家とする考え方が強調される場合もあるし、さらには前章で触れた碑文の件も併せて、そのように解釈する向きもあるものの、これはやや早急な見方と言えるのではなかろうか。

しかし、罷免（廃黜《はいちゅつ》）にあうことを考えると、近因としては、「岡県白島碑」や「太宰府旧址碑文」にあるとする一方で、彼の政治改革書である『肥後物語』、『半夜話』にあるとすることもできる。遠因としては、若い頃の朝鮮通信使との応酬唱和、寛政異学の禁（一七九〇年、昌平坂学問所で教える内容は正学である朱子学であり、それ以外の学問を禁止した）があったために、政治的なはたらきがあったとも言えよう。というのも、福岡藩の藩主と幕府との結びつきがかなり強固で、縁戚関係もあることを考慮すれば、南冥の学問が徂徠学派に属することを思うと、これをよしとするわけにはいかなかったと思われる点もある。ちなみに、友人の島田藍泉は福岡藩内の朱子学者の陰謀策略ではないかとも推測している。さらには、南冥自身の個性のなせるわざとするのが広瀬淡窓である。

そもそも先生の人となり、伸ふることを能くすれとも、屈することを能くせす。物に克つに勇にして己に克つに怯《よわ》し。遂に千尺の鯨鯢《げいげい》（弱い者をいじめる悪人の頭）を以て、螻《ろう》蟻《ぎ》（自分を謙遜していうことば）に困められたり。豈惜まさるへけんや。相良梅峒後年京都に至つて、小石元俊に見えたり。元俊は独嘯庵の門人にして、南冥の親友なり。梅峒と語るうち、南冥の事に及ひしに、元俊が曰はく、道載を京師なとの儒者と、一様に思ふへからす。誠に猛虎の如くなる者なりとぞ。其若かりし時の豪気、想像するに堪えたり。

さらに淡窓は『儒林評』で、「南冥は気象英邁にして、眼光人を射るなり。尊貴の人に屈せず、直言して媚ぶることとなし。是を以て人に忌まれ、罪を得て蟄居すること二十余年にして終へり」とも述べている。

島田藍泉は、深く傷ついたであろう南冥に対して、慰問状とともに九重酒一樽を贈っている。福岡藩内では、当時、大凶作であったため清酒の醸造は厳禁であったため、藍泉からの贈り物に感謝したことは間違いないだろう。

一七九二（寛政四）年七月十日、南冥五十歳の時、罷免されるに至った。このことを、淡窓は次のように述べている。

此年の秋。亀南冥罪を得て蟄居せられ、四方より来遊の門人、皆離散せり。旅人を家に留むることを禁ぜられたる故なり。

同年九月十八日付の小田亨叔宛の書状（書簡）では、次のようになっている。

北筑亀井氏弥不通にて、先ゝ月遂に蒙厳譴隠居蟄居被仰付、家督は息昱太郎へ被下、他国之門人離散いたし様との沙汰有之よし、扨ゝ御互に悵《うらめ》敷事に而御座候、都而世の中面白き事少も無之日に此生の可厭を覚申候、いつれ一両年は拝顔も仕間敷候間、為覚随分御自愛御同人御教育可被成候

このことから判明するのは、南冥の蟄居謹慎というだけでなく、家督を昱太郎（昭陽）が継ぎ、他藩からの門下生がことごとく離散してしまったことである。

その後、南冥は独楽園を営むが、昭陽（二十歳）は十五人扶持を与えられている。また、昭陽は西学問所甘棠館の教授・主宰となり、一七九八（寛政十）年に甘棠館が廃校となるまで勤めることになる。

さて、南冥の廃黜はかなり厳しい内容であり、旅人との交遊はもちろんのこと、南冥自身も旅をするなどいっさいできないというものであった。この間の事情について、淡窓の記述から再び見ていくことにしよう。

其年、南冥先生蟄居の身となりて、官より旅人を其家に留むることを許さす。門客皆離散したり。因つて筑遊の念を絶ちたり。

南冥先生は蟄居にて、旅人を見ることを禁せられたり。（寛政九年）春正月、又藤左仲と共に筑前に赴く。予去秋より既に亀井の塾に留まらんことを願ひしかとも、旅人の禁あるによつて能はす。家に帰つて後、先考人に託して、其事の手よりを求め給ひとしかとも、事終にならす。

藤左仲は、南冥の塾の医学生で、下関の人。南冥の先生であった永富独嘯庵の兄の子で、幼い頃からの僧をやめて、大典禅師（京都南禅寺の住持）に儒学を学び、佐谷竜山（秋月の医者）の家の客となって医学を志し、南冥のところに入門している。淡窓より十二歳の年長者である。何よりも弁舌に優れ、学者の品評をするのが得意であり、淡窓との会話では古今の学者を論じたとのことである。そして、いつも結びには、次のように述べていたという。「そもそも亀井南冥は天下に聴こえた大学者である。詩においては日本一だ。その子昭陽は文においては父にも勝る天才である。そして甘棠館を本館にして、亀井の塾には崇文館あり千秋館がある」と。

そのようなこともあってか、藤左仲を介して淡窓は南冥門下に入ろうと思い度々訪問しているが、南冥が蟄居謹慎の身であるため、門下生となることができなかった様子を窺うことができるとともに、それほどに厳しい処置が南冥に下っていたということになる。南冥は、旅することができず、旅人との交流もできないとなれば、身動きできない禁足状況である。このような厳しい処置がどうして行われたのかは不明であるが、事実、その後の南冥の甘棠館での活動は途切れてしまうことになる。

八・二――淡窓の入門とその後の甘棠館

こうした状況にあっても、南冥の学問への情熱は失われていなかった。一七九三（寛政五）年には、かねてから研究していた『論語語由』全十巻が完成している（蟄居後の執筆ともいわれるが、『論語』の注釈としてはかなり以前から執筆していたと考えられる）。この時、南冥五十一歳であるが、廃黜直後に詠まれた詩がある（「幽居小草」所収三十一首のうちの一首）。

池養金鱗象九淵　　池に金鱗（にしきごい）を養い九淵に象《かたど》る
一潜一躍復天然　　一たび潜めば一たび躍り復た天然たり
無人擬解濠梁問　　人の濠梁の問いを擬《はか》り解する無く

蒙叟迂狂独自憐　蒙叟《もうそう》（われ）迂狂にして独り自ら憐れむ

孤独な状況を独り憐れむ姿が伝わる詩である。

その廃黜後の南冥の鬱積した気持ちを、淡窓は次のように述べている。

嗚呼先生天下の英才を以て、一藩の三尺に困《くるし》められ、区〻として、噲等《かいら》と伍をなせり。其不平の気あること宜なるかな。

次いで、翌一七九四（寛政六）年、『論語語由』の内容を補った『語由補遺』が成っている。「四言四句の詩形により、『論語』各篇の真髄をうたい上げ、『語由』の内容を補ったもの」とされている。

さらに、一七九六（寛政八）年、昭陽と面会した淡窓は、南冥に詩を教えてもらうことになる。淡窓が正式に入門できたのは、翌一七九七（寛政九）年のことである。その一七九六（寛政八）年八月のことを、淡窓は次のように述べている。

南冥先生は蟄居にて、旅人を見ることを禁せられたり。故に相見を得す……時に塾中諸生十余輩ありて留まれり。舎長を久野善次と云う。年十九なり。才学一時に冠たり。既にして、左仲と姪の浜に行き、大年を訪ふ。昭陽の弟なり。名は万、字は大年、幼なき時、万三郎と称す。時に年二十。医を業とせり。才気抜群にして、最も詩を能くせり。面白くして雪の如く、眼光烱然《けいぜん》として人を射る。

淡窓は入門を昭陽により許可されながらも、南冥が蟄居謹慎の身であり、他藩からの弟子入りは許可されていないため、一旦、郷里の日田に帰り、秋月の内山玄斐の養子となる。これは淡窓を「筑前の人」とするもので、内山玄斐の考えであった。そうすることで、翌年一月に入門できることになったのである。淡窓は「遂に福岡に至り。亀井塾に入る。明日南冥先生に謁することを得たり。先生時に五十五。容貌奇偉非常なり。都て亀家の人は、皆眼光人を射ることを覚ゆ。昭陽先生余に謂つて云く。足下童子と雖も、其名を知る者多し。姓名を変せすんはあるへからす。是に於て内山玄簡と称す」とあることからもわかるように、入門にはかなり制限があったのである。

塾では早朝から講義があり、それが終わった後に朝食をとるようになっていた。それは昭陽が甘棠館に出勤するからであった。そして三日ごとに文会（作文の会）と詩会があり、南冥は蟄居の身ではあったが、「医は仁術」として、医学の教授だけは特別に許可されていたようである。淡窓は先輩に早く追いつくために、特に願い出てひそかに詩を南冥に、文を昭陽に教えてもらったということである（この頃、よく南冥父子を評して「南冥ノ詩ハ文ニ勝リ、昭陽ノ文ハ詩ニ勝ル」といわれていた）。

一七九八（寛政十）年正月、淡窓は日田に帰省することになる。そして二月初めに福岡へ戻ろうと思っていたところに、不運な報せが届いた。それは、正月二十九日夜、甘棠館が消失したというもので、新築したばかりの独楽園をはじめとして、蜚英・千秋二館、幽蘭・潜龍二舎、懐旧楼、虚白亭、九華堂及び昭陽の書斎である月窟などすべてを失くしたのである。南冥は父聴因の忘機亭に移り、昭陽は一時焼け跡に小宇（小さな家のこと）を結んで独居したという。そのことを淡窓は次のように述べている。

余家に在り、二月初に至り、復再遊せんと思ひし所に、一日森田退叔外より入り来れり。予に謂つて曰はく、正月二十九日の夜に当りて、唐人町武平と云う者の家より、火出てたり。此夜烈風にして、延焼すること、極て急なり。師家及ひ甘棠館、一時に灰燼となる。急火にして、書籍よりして器用に至るまて、一物も遺ることとなし、師家も当時大に狼狽したまへり。故に某を使として、遠近の相識に、銭財を乞求む、某昨夜隈町京屋半四郎が家止れり、これより、中国に赴くなり。いささか其由を報し知らするものなりと云つて、辞し去れり。余是に於て、また福岡に赴き、師家の災を弔す。半四郎より黄金二両を余に託して、師家に贈れり。半四郎は亀井と相識には非す、只一度書賛を南冥先生に乞ひしなり、先生其豪右なるを聞きて、退叔を使せられしなり、時に先考も復金一両を贈り玉へり。

突然の知らせに驚きを禁じ得なかったであろう淡窓は、計三両の財貨を託されて福岡に向かうことになる。

そして、福岡に着いた時は事態は収束していたようではあったが、その間の経緯を次のように述べる。

余已に福岡に着し、唐人町に至りしに、学宮よりして諸塾に至るまて、唯一片の赤地となれり。先生父子、正に瓦礫場中に於て、席を敷き、朋友門生と共に、痛飲してありしなり。南冥は時に起つて舞はれたり。昭陽は已に酔臥せられたり。余か至るを見て、起坐し余に告けての玉ひけるは、我家一切蕩尽す。子か旅装の塾に留めしものも、亦遺ることなし。浮世の変遷、従来かくの如し。何そ驚くに足らんや。然れとも多年力を尽せし著述、皆烏有《うゆう》（何ものもなくなる）に帰せり。これ恨むへし。但し老父か著述は、余侵炎火て之を救ひ得たり。余か作は、また再ひすへし。何そ深く恨みんやとの玉へり。

瓦礫となった中で、亀井父子は酒宴をしていたとのことである。しかし、灰燼に帰した甘棠館の中で、年月をかけて収集したであろう多くの文献を失い、さらに老父の著述を失ったことは悔やんでも恨むしかないようである。ただ、南冥自らの作品はまた改めて書き記せばよいともいうのであって、淡窓は安堵したであろう。しかしながら、著作や蔵書が失われたことについてはやはり悔いが残っただろう。

さて、その後のことも淡窓は続けて述べている。

此時、亀井家は、或は姪の浜後藤屋（昭陽の妻の家なり）、或は橋本屋（後藤屋の縁家なり）などに、散居したり。余は医生数輩と、紙屋圓作か別業是韓堂に留れり。是は南冥先生よりかり受けて、当時薬局とせられしなり。当時近藤聴節と青木順甫と云ふ者、ここに留れり。余二子と同しく居ること、一二旬にして、また日田に帰れり。余是韓堂に留りし中、圓作か子伊蔵と云ふもの、日〻来りしか。後は頗る親しかりしなり。圓作も亦相知れり。伊蔵今は存するや否。

こうして、淡窓は、一週間余りの滞在を経て、日田に戻っている。

このような出来事にあう中、昭陽は藍泉宛に手紙を出している。父の蔵書、自ら集めた書籍、すべてを失い、困惑落胆しているとのこと、身を託する所もないとした上で、当座の費用の借用を願っている。ただ、どの程度の借財であったかは不明である。

西学問所甘棠館跡（福岡市中央区唐人町）

そうした中で、「唐街災　六月十六日免儒職」ということが『万暦家内年鑑』に記されている。また、黒田藩の家譜（『黒田新続家譜』）には、寛政十年二月朔日、唐人町の商家から出火し、学問所をはじめとして士人の宅四十三戸、商家百六十六戸、倉二十区、薬師堂一宇が焼失したとの記述がある。同年六月十六日には藩からの達示があり、いわゆる西学問所甘棠館の再建が不許可となり、儒学者としての教授職が停止され、昭陽をはじめ儒官たちすべてが平士に格下げになっている。門下生もすべて修猷館に従学することとなってしまった。ということは、ここで甘棠館の歴史はなくなったと言ってよい（しかし、その後も何らかのかたちで亀井塾として存続したとも考えられる。後述の「原典資料文献から」を参照）。

一七九九（寛政十一）年、南冥は海辺の仮寓から、次のような詩を藍泉に寄せている。

一陽初復梅未発
周南故人間何濶
玄瀣頽波穴門山
氷心相照雲間月
月到天心臨酒盃
欲飲不飲起徘徊
何時能激藍川水
千里伝得雙鯉来

一陽初めて復すれども梅未だ発《ひら》かず
周南の故人間《へだた》ること何ぞ濶《はるか》なる
玄瀣（玄界）の頽波と穴門（長門）の山
氷心相照らす雲間の月
月天心に到り酒盃に臨む
飲まんと欲して飲まず起ちて徘徊す
何れの時か能く藍川の水を激して
千里伝え得ん雙鯉《そうり》（てがみ）の来るを

梅はまだ咲いていない。玄界と長門ははるか隔てられている。酒を飲もうとしても飲めず徘徊してしまう。手紙が届くのが待ち遠しい、という。

しかし、これで終わりではなく、その後もさらに不幸が続くことなる。

一八〇〇（寛政十二）年正月元旦、昭陽は唐人町の被災した跡地に住宅を再建する（淡窓の記すところによると、昭陽の寓居は甘古堂と号したとのことである）が、再び唐人町の出火によって新築したばかりの家が類焼に遭ってしまう。ついに、一八〇一（享和元）年五月、南冥夫妻は百道松原に草香江亭を設けて、そこに移ることにした。八月には居宅を広げて家塾を設け、また昭陽一家は百道林（現在、福岡市早良区百道）に移り住んだ。

一八〇二（享和二）年、南冥と交流した人物がいる。豊後日出藩の儒者で、日本の近代科学に大きな影響を与えた帆足万里（一七七八～一八五二）が福岡にやって来て、南冥に謁している。その後、万里は、南冥はもちろんのこと、昭陽とも交流し、さらには互いの息子や門人たちも切磋琢磨し合ったという。

九

晩年、そして死

九・一――還暦を迎えた南冥

一八〇二（享和二）年八月二十五日、南冥六十歳となり、「大人賀還　始留（還暦祝いのことか）」（『万暦家内年鑑』）とあり、還暦祝いが行われた。ただ、憂悶の中にある南冥であったのか、昭陽は同年三月には藍泉宛に依頼状を出している。内容は、藍泉先生の御文案さえ頂ければ、他の人にはお願いしないつもりだ、とする意図が述べられている。藍泉はこの願に応じて、五月には寿詞を書きあげるとともに、賀宴の酒肴料を託して、宴席の持ち方まで詳細にわたる注意を与えたとのことである。もちろん藍泉には賀宴の席に出席したいとの希望があったであろうが、結局、それは果たすことができなかった。この賀宴に招かれた淡窓には、次のような記述がある。

是歳の秋、予福岡に赴き、南冥先生六十の寿を賀す。予十八歳の冬、姪の浜より反りしより、是に至って四年、始めて師家に伺候したり。此時江藤牛四郎、舘林清記、諫山安民と同行せり。甘木に過りて、大壮を訪ひ、秋月に過りて、震平を訪へり。予途中より脚を痛め、福岡に至る比は、頗る難渋せり。時に亀井先生父子、去年より姪の浜を去つて、福岡に転居し、西新町と云う処に、新宅を構へられたり。本の唐人町の宅の西南十町程なり。

淡窓は、甘木の亀井大壮、そして秋月の原古処を訪ねた後、亀井宅に足を運んでいる。南冥の八月二十五日の祝宴について、淡窓は次のように記している。多くの者で賑わい、席順も乱れながらの酒宴となったことがわかる。

南冥先生の誕辰は、八月二十五日なり。先生の父聴因子なきを以て、太宰府の菅廟に祈りて、子を求められしに、この日を以て誕生ありとそ。昭陽先生此日を以て、寿宴を開き、此月の晦日まて、日日宴会ありしなり。初日南冥の旧友を会す。第二日、儒員を会す。其日南冥先生を始めとして、列坐の者九人なり。昭陽より預め其席順を定められたり。其次第は、南冥に次て、原震平なり。次は江上源蔵。次は後藤主税。次は星野陽秋。次は山口民平。次は予。次は昭陽。次は大壮。次は大年なり。其席順を別たれし趣意を考ふるに、江上山口後藤は先輩なれども、当時儒官を止めたり。当時秋月侯本家の後見にして、震平其教授となり、名望極て重し。故に後輩なれとも、之を冠とせられたり。山口は亀井三子の妹婿なり。故に其座を退けたり。陽秋村医なれとも、南冥高足の弟子にして、徳望あり。故に後藤に次けり。予は昭陽の門人にして、後輩遙に後れたり。故に賓客の次き、家人の上に置かれたり。然れとも、宴席に至つては、座列乱れて、其通りにはあらさりしなり。陽秋は事ありて来らす。昭陽宴の日に寿序一篇つゝを作り玉へり。前後六七篇に及へり。其来客に因つて、文の趣向変せり。第二日の序、予か輩の名を文中に数へ、南冥先生学術の見識を論するを以て、趣向とせり。予当時少年にして、数百弟子の中に於て、独先輩宿儒と列を同すること、全く昭陽先生の厚志より出たり。故に審に之を記す。時に大壮も七歌と云ふ者を作れり。南冥を始めとして、一首に一人を詠して、其中に賀意を寓したり。其第七首。予を詠せし者なり。

苦難多き五十代の後半であった南冥ではあるが、還暦を祝す心ある者たちに囲まれ、喜びを得た一時であったことだろう。

この年、昭陽の『字例術志』が成っている。

九・二——六十歳代の南冥

一八〇四（文化元）年、豊前の人である石川丈人が南冥を訪れ、太宰府の雲来社（次子大壮の居）に遊んでいる。

一八〇五（文化二）年には、仙台の大槻民治が来て、南冥と会見している。大槻民治とは大槻玄沢（一七五七〜一八二七）のことで、仙台藩の侍医として、また江戸では杉田玄白（一七三三〜一八一七）や前野良沢（一七二三〜一八〇三）に学び、江戸詰の際には私塾芝蘭《しらん》堂を開き、蘭学教育に尽力した人物である。長崎への遊学の途中に南冥と会ったのであろう。

一八〇六（文化三）年、秋月藩の藩主黒田長舒の後援によって、黒田長舒の序と同藩の家老宮崎舒安の跋を加えて『論語語由』が刊行出版されている。九月、昭陽は、原古処の世話で、秋月藩の参勤交代のために江戸に赴いている。本来なら南冥が随行するはずであったろうが、この間の南冥の心境を語った原古処宛の書簡がある。次のようになっている（書簡独自の文字については変更している）。

寒中益御萬福之旨奉珍重候。然ハ

君侯臺下へハ去月十五日御着府被遊御胴勢及兒昱皆〻御無事之由申来、安悦之至ニ奉存候。下拙事随分無恙居申候。乍然孫共さへ姪濱ニ参候へハさりとハさみしき事ニ御坐候。夜中ねられぬまゝこと東遊之事をのミ存出、段〻詩作いたし候まゝかき付懸御目候。兒昱方へも已ニ遺し申候。此外語由補遺と申を作り申候。是ハ餘程かみかすも有之候間、追而懸御目可申候。古處山堂も御閑寂大抵御同前かと相察し申候。時〻御出殿　玉泉貴人

蔵春公子（黒田長舒の第三子長尚のこと）と東方御噂のミの御事ならんと遠察仕候。御詩作等ハ定而御出来可被成候。ちと御見せ可被下候。餘事不及一二候。頓首

道載

抄冬十五日雞二喔

震平様

これは、同年十月十五日の書簡である。『語由補遺』が成ったことが窺える。なお、九月十六日、昭陽の長子蓬洲が誕生する。

一八〇七（文化四）年六月二十五日、夫人の富が没する。享年六十歳であった。なお、昭陽

は四月には江戸から戻っている。またこの年、秋月藩主黒田長舒が亡くなった。一八〇八（文化五）年十一月十日、昭陽の次子暘州が生まれている（蓬州は二十一歳で亡くなるため、この子が家督を相続することになる）。

一八〇九（文化六）年、南冥に関する記録はないが、昭陽については勤務として筑前国内の街道沿いにある烽火台（この頃、異国船の来航が重なり、いわゆるフェートン号事件＝イギリス軍艦の長崎侵入事件で、長崎奉行松平康英は責任上から切腹、警備担当の佐賀藩も処分される。この影響で、長崎から街道沿いの山々に烽火で伝えていき、最終的には小倉藩まで届くようになっていた）への勤番の命令が下り、同年八月二十四日から翌年十一月十日まで勤務し、断続的に十回烽火番についている（昭陽は、この間の内容として重要な史料である『烽山日記』を著している）。

また、この年、島田藍泉が死去し、このことが原因であるのかどうかわからないが、南冥の奇行が生じるようになったようである。自分への忠告も悪意に解するようになり、昼間から酒浸りとなり、昭陽一人ではどうにもならず、弟大壮の助力を得なければならなくなっている。しかし、その大壮もまた嫌われ役になってしまい、子供たちはいっそのこと幽閉しようとまで考えるようになるのである。

一八一〇（文化七）年、南冥六十八歳、九月二十七日、自ら寿蔵《じゅぞう》（存命中に建てておく墓）を造り、自書している。ただ、なぜこのようなことをしたのかは不明である。

一八一一（文化八）年、南冥六十九歳の年であるが、この頃より異変が生じてきている。亀井一族が集まる中、昭陽は酒、茶、煙草を禁じており、やや精神的な疾患がみられたという。

九・三――南冥の最期

一八一二（文化九）年五月二十日、南冥の三男大年が没している。享年三十六歳であった。翌年九月、京都の医師である新宮涼庭が来訪した際には、しっかりした筆で「駆竪斎」、「医箴」の文字を書いて与えている。

しかし、翌一八一四（文化十一）年三月二日、原因不明の出火により南冥は没することになる。七十二歳の時のことである。その死については諸説があり、不可解な点が多い。死因について次のように述べているものもある。「尋常褥中《じよくちゆう》（しとね、ふとんの中）の病没にあらずして、火災の為めに焚死せしは、殆んど疑ひなきものの如し、しかも其の焚死が自焚なりしか、将《は》た避難の暇なくして、已むなく焚死したるかは疑問なり」（高野江鼎湖『儒俠亀井南冥』）。

ここでは、淡窓の記している内容を断片的に見ておくことにしたい。

三月二日、南冥先生卒し玉へり。初め予二月の末にあたりて、夢みし事あり。地上に焼灰の如くなるものありて堆《うずたか》し。人あつて手を以て之をはらいのけて、南冥先生此下にありと云ひしとみたり。其時にあたりては、何とも心つかず。三月中旬に及んて、人先生の凶聞を伝へ、且曰はく、火災に由つて歿せられたりと。予猶疑つて信せさりしに、其後愈〻其実説たる事を伝ふる者あり。

こうしたことから、淡窓は急ぎ筑前に向かう仕度を調え、三月二十日には到着しているようである。亀井家ではすでに葬式も終わり、昭陽の息子である蓬洲が出迎えた。昭陽は塾で蟄居していたが、淡窓と会見し、翌日には南冥の墓にお参りしている。

南冥先生罪を得て蟄居し玉ひしより、此に至つて二十余年、心中憤懣に堪へす、終に狂疾を発せられたり。予か塾に在りし時までは、唯酒に耽り、佯狂《ようきよう》（狂人をよそおい生きる）の体に類せしか、追〻と性理乖錯するに至れり。但事により、時によりては、常人にかはらさることもありしなり。一旦は籠居せられしか、近来は頗る穏にして起居も心にまかせおきたり。先生の隠宅、本宅の隣にあり。三月二日、家人糕《こう》（こなもち、菓子の一種）を搗《つ》くによりて、炭火多かりしを、先生の衾爐《きんろ》（ふすまといろり）の裏に入れおき、其侍婢も暫時本宅に行きたり。而るに人あつて曰はく、隠宅より煙多く出つると。昭陽夫妻走り行きて見玉ひしに、満室に火起れり。昭陽煙火を犯して、先生の居間に至られしに、更に人を見ず。声をあげて呼ぶに答ふる者なし。時に一人曰はく、老先生は、先刻外に出玉へりと。昭陽略心を安んし、まつ人を走らしめて、其居所を尋ね、其身は火を打滅されたり。夫より墻壁の焼倒れたるをかかけのけしに、墻下に先生うつぶしに臥せられたり。其身全うして損することなし。息既に断えたり。火のおこりし所以、知りかたし。自ら火を放たれしや。自然に起りしや。自ら火を投せられしや。将《は》た出てんとして、及はさりしや。其説得難し。其宅は四面皆空地にして、火にとりこめらるへき様なし。然れは、自らなせるに近しと、人云へり。

こうした状況であり、様々な憶測が可能とも言えるが、ここでは推測することすらできない。自殺か焚死か、いずれにしても痛ましい最期である。

昭陽は、南冥の遺体が発見されると、すぐにも短刀を抜き自殺を図ろうとしたが、傍らにいた人物より制止され、蟄居して藩の命令を待った。当時の福岡藩では、死因に不明な点があり、事件性が強い場合は、目付三人が調査することになっていた。そこで亀井南冥・昭陽親子の関係を取り調べた結果、平素から昭陽の南冥に対する孝行・孝心が篤かったために、まったくその責任を問われることなく、事なきを得た。淡窓は次のように述べている。

昱太郎平日至つて孝心のよし申達す。三士両度の言、皆符節（みながぴたりと一致する）を合するか如し。是に於て赦免の命あり。官禄皆旧に復せられたり。この時の申し渡しの書附の写しを見たり。其方儀、父道哉老髦致し、失火いたし、落命に及ひそろ事、其方不行届の次第にそろ。然れとも、平日の事《つか》へかた宜きによりて、差赦されそろ。

亀井親子が一心に支え合って守った学問所もなくなってはいたが、親子の絆の深さがあったればこそ、何の咎めもなく済んだと言える。その後、昭陽は三年の喪に服した。

南冥の遺骸は、縁続きの浄満寺に葬られている。亀井家の墓碑が並ぶ中、中央の一段と大きな墓の正面には、「白髪書童南冥亀先生之墓」という文字が刻まれている。これは南冥が生前に書いた筆跡にもとづくものだという。南冥七十歳の時、自らを「白髪書生」と称していたというが、それにちなんだものである。

南冥の墓下には淡窓の詩がある（四首中の最後の詩）。

婦女知亀井　　婦女も亀井を知り
児童誦道哉　　児童も道哉を誦し
寒山一片石　　寒山一片の石

千涙莓苔《こけ》に堕《お》つ

すべての子女が亀井を知り、子供たちでさえ道哉と言う、ただただ涙が苔に落ちるのみである。

蟄居二十余年にわたる生活を思うと、かなりの心労があったことは間違いないであろう。南冥を「佯狂の詩人」と見る向きもある。また、彼自身の詩である「図南の翼を鎩《うし》つてより狂を佯《いつわ》りて市朝（うきよ）に出づ」からして、狂人をよそおいながら生きてきたものの、そこから本物の狂疾を発したとする見方もある。

淡窓が著した『儒林評』から、南冥の性格と言えるものを、再度、最後に見ておきたい。

南冥は気象英邁にして、眼光人を射るなり。尊貴の人に屈せず、直言して媚ぶることなし。是を以て人に忌まれ、罪を得て蟄居すること二十余年にして終れり。晩年、終に心疾を発するに至る。是を以て譏《そしり》を世に招けり。南冥の人となり、細行を検せず。南冥は詩人に長ずる人なり。学問あまり博きことなし。

淡窓は門人ではあったが、これはかなり厳しい見方のようである。唯一、南冥の近くにあって、彼のことを客観視できた人物であることを思えば、少なくとも、南冥の人となりを知る手掛かりを与えていると言えよう。学問はそれほどでないとの厳しい評価をどのように見るかは、直接、南冥の著作から窺うしかない。

亀井家の墓碑がある浄満寺の門前（上）と境内の亀井家墓地。中央の一番大きいのが南冥のもの

十

南冥の著作をめぐって

十・一——原典資料文献から

古本市で一冊の小冊子を発見した。それはわずか十八ページの和綴であり、写本である。表紙や裏表紙には半紙に何やら練習したらしき文字の跡があり、その裏紙を使用して、表紙には「大浦氏　女誡」とある。また、表紙を捲ると、「後漢書列女」とあり、一ページ目の最初に「女誡序」（原漢文）とある。

書き出しは「後漢書列序伝に曰く、扶風の曹世叔が妻は同郡班の彪女なり。名は昭、字は恵班。博学高才。世叔早く卒す。……」とあり、書写した際の文字を訂正した箇所もある。この序の最後には、「天明戊申仲冬南冥亀井魯題」とあり、間違いなく南冥の著作である。「天明戊申仲冬」は一七八八（天明八）年十一月のことで、したがって、南冥四十六歳の時の著作であると推測できる。

ちょうど南冥が「岡県白島碑文」を作成し、さらに「太宰府旧址碑文」を作成した前後の中間に当たる年であり、このような著作があることは、南冥の全集には記述がない。ただ、荒木見悟の著書（引用・参照文献二―(7)）の著作目録には「曹大家女誡」があることが明記され、しかも刊行されたとなっていることが記されている。

内容的には、「曹大家女誡」から始まり、「卑弱第一」、「夫婦第二」、「敬慎第三」、「婦行第四」、「専心第五」、「曲従第六」、「和叔（妹）第七」とあり、末尾に「終」と記されている。「序」の部分から察しても、『後漢書』にあらわれた女性を取り上げているものである。

そして、裏表紙（わからない字句を除く）には、次のようにある。

安政二年五月筑刕姪濵於亀井塾大浦後達寫之

安永二年は、西暦では一八五五年。大浦後達という人物が亀井塾でこれを写し取ったものということになるだろう。南冥が亡くなったのが一八一四年三月であるから、その四十二年後ということになる。南冥の長子昭陽が、一八三六年五月十七日午後八時頃、六十四歳で亡くなっている。ということは、その後も亀井塾が存続しながら、南冥の著作が大切に保管されていたことの証拠でもある。なお、この「女誡」は写本であるため、本物が現在どこに在るのかは不明である。

十・二——医学書としての『南冥問答』

南冥が「儒医」といわれるように、儒者であると同時に医者でもあったことはすでに知られている通りである。三十六歳の時、藩主である黒田治之の命で、藩の儒医として兼帯を認められたが、「申し渡し書」でも、手広く病気の治療をし、儒学と医業に専念するよう申し渡されている。

南冥の医学に対する姿勢は、実践主義・経験主義にあるとされる。医学への傾倒は、すでに述べたように、永富独嘯庵から約一年間にわたり学んでいることでわかる。そして、門人となる中で、僧大潮とともに長崎に遊学した際には、合田求吾《ごうだきゅうご》（一七一三〜七二、讃岐の人で『紅毛医言』の著書がある）に接したことから、中国医学だけでなく、オランダ流医学に影響を受けたという事実である。南冥の著作『病因考備考』には、外科的手術の記載があるだけでなく、「紅毛の治方」つまりオランダ流医学に対して好意的な態度が示されている。しかも南冥は蘭（医）学者と比較的密に接触し、オランダ流医学への理解はかなりのものであったであろう。『南游紀行』の中で「已む無くんば其れ紅毛為るか」との表現も見られることからすれば、その受容に対して積極的であったとも言えるであろう。

そこで、それほど大部の著作ではないが、『南冥問答』という小冊子の内容について少しばかり紹介しておきたい（全集第一巻及び引用・参照文献一―(5)による。なお、後者の解説をしているのは医学博士高木繁で、九州帝国大学医学部泌尿器科初代教授。一八八一～一九四六）。

刊行されたのは、序文の末尾に「安永巳亥初夏　播磨井上　崇（其淵）謹撰」とあることから、一七七九（安永八）年であり、南冥が儒医に抜擢された翌年、三十七歳の時のものである。井上其淵の序文は、次のような書き出しになっている。

小子崇、嘗て亀先生に問うて曰く、崇、贄を門下に委ね、医薬に従事する今に四年なり。未だ嘗て一方策を講授して、以て我が蒙を啓益するものに有らず。医を以て土苴《どしょ》（ごみ、本物でない）と為す、則ち先生の業なり。……

そして、問答の結果、井上其淵（崇）は冷や汗をかく思いであっとし、畏縮して退くことにした。そして、三十五日間泊まることになり、その間に聞き及んだことをまとめたのが、この『南冥問答』であるという。

内容は問答形式となっており、特に小児の「暴瀉《ぼうしゃ》」（激しい下痢症状のこと）をいかに治療していくかというものである。

おもしろいのは、この暴瀉を患わないように育てることについて、「田舎流に育つるのみなり」として、田舎流とは「小児の存分に乳を呑せ、存分に食をさせ、いそがしければ飢しもし、風日にさらし、存分に走り廻らせ、存分にをごらせ、又叱《しか》りもし、少々いはれありとも薬を用ず、随分疎略に育つること」であるという。その後の記述からしても、過保護にならないようにせよと忠告しているのである。しかも、「人の精気血液は食物より醸し立るもの」として、「産婦」のことにまで及んでいる。そして「暴瀉の根元は、胃腑を不丈夫に拵《こしら》へ立たる禍と云ふことを知らず」というのである。小児科・婦人科という言葉さえ見られ、従来の中国医学の傷寒家に対しても批判している。

これらの言説からすると、現代の西洋医学との関係はわからないものの、やはり南冥には医者としての心得と自負があったと言えるのではないか。

なお、南冥は福岡藩においては単なる町医者である。父聴因とともに治療にあたっていたであろうが、儒者の側面が強いように思われる。

しかし、医学史の面から見ていくと、福岡藩では貝原益軒が有名である。また、益軒と同時期の藩医である原三信（?〜一七一一、代々「三信」を襲名するようになっている）がいた。また、南冥門下で蘭学の指南役として青木興勝も忘れてはならないであろう。そこに、南冥をどう位置づけていくかとなると、かなり難しいものがある。

十・三——『古今斎以呂波歌』について

南冥のもう一つの著作として、ここでは多くを述べることはできないが、医学書の一つとも言える「以呂波歌」を紹介しておこう。高野江鼎湖と同様で、それぞれの歌に込められた注釈が付けられてはいるものの（原漢文）、筆者に医学についての知見がないために、それについて説明することはできない。しかし、興味をそそられるものがあるために掲げておきたい（高野江の引用とは異なるところがあるため、全集に掲載されているものを基本にする）。

なお、古今斎とあるのは南冥のことである。先程より引用している広瀬淡窓にも同様に「以呂波歌」があることを思うと、南冥のものを模しているのだろう。南冥のものは医学についてであり、淡窓のものは学問への心構えで、内容はまったく異なるが、このような方法も学問の普及には貢献するものがあったのであろう。

南冥の「以呂波歌」は、一種の医学論のようなものになっている（カタカナは平仮名に改めた）。

医は意なりと云者を会得せよ手にも取れず書にもかゝれず

論説をやめて病者を師とたのみ夜を日に継で工夫鍛錬
繁昌を好む心を的にして直き矢の根をとくぞかしこき
人命を害せぬ場合のみこんて其上でこそ救ふ方便よ
補写虚実医者の大事の守札心にかけて口にかけるな
変化ある病にいかて材木を切つもるてふ規矩《きく》やあるべき
時を得りや我身勝手に云まはる舌の先からつひ匕《さじ》のさき
智と愚とは生まれつき詐らずすなをに守る道はひとすし
理を枉《まげ》て非とはいかてか思ふべき理をしらぬゆへ非を遂る我
奴婢も人士君子も人疾には貴賤高下は無としるべし
累卵のあやうきよりも危きは無案内にて古方する人
おほように思へばやすし生死の界目奉行さても大役
忘ても襟本見るな疾見よ業のあがらぬ根元ぞかし
汗吐下の三つは三種の神器にて手に入ときが医者の天下よ
世世かけて医者との達か吟味してつまらぬ者は彼の臓腑沙汰
誰かれと云はて語らひ仕覚をたしかに問て我功をつめ
礼楽の道も少は稽古せよ医者のこみちの往還ぞかし

そうてなひ学問は邪魔機転じやと云は文盲医者の口くせ
つかもなき場所に人参加へもて命をつなく綱ぞ危き
念のうへ念を入ても我わざの本に暗けりや念で怪我する
何事も問て言せて合点してさて其上て腹や脈色
乱世のいくさ稽古と我門の医術稽古か同し道理じや
むつかしき敵も遂に撃勝は筆て云れぬ妙な塩合
浮沈はやしをそしの四品にて脉《みやく》の妙所は尽るとぞしれ
祈かち気を導きの一方便迷はぬ程に信向をせよ
能あらは不能な人をいたわりて教そたてて道を弘めよ
折節は書物を読て古のかしこき人の跡を知れかし
君楽や佐楽と云へは古方医は嫌ひとやはりよき道理なり
陽報を好まは兎角貧民の病を救ひ陰徳をつめ
万能も一心と云古言をよく心得ていましめとせよ
芸術の稽古の道に二つなし上手と下手は其修練たけ
不功者な医者ほとわけて陰陽や肝木脾土と理屈張哉
古方しやの新方しやのと差別して流義たてすりや何の用達

得手勝手どうなりとして大病をいかいなをすがよき流義なり
天命はしらぬと云か命つきて病なをりてきつい迷惑
あさましや世の風俗はいわた帯しめて我手に難産をする
されはこそ唐人ま子《ね》て帯なして守る白子の観音もあり
灸治せは経絡《ちかみち》吟味さのみせて其病根をやくか肝要
故なきに持薬と云ていつまても飲すは医者の自分養生
名人のわざとてとんだ事もなしよく思案してあぶなげかなひ
みがけた丶玉の光も出ぬうちは石瓦にも同し我身を
四大家の書を読て見て近比《ごろ》の古方医達の手薄さをしれ
えらみ見よ後藤香川に養寿院鼎の足の三つ外はなし
秘方とてとくか子《ね》合覚へ子は口伝筆授は反古同前
物師とも医者ともしれぬえせ者か医者のいろはを歌てしらせる
是非ともに此か道理と云ひせぬ兎角一途にようぬのか道
すかぬ人に見よとはさかぬ梅の花いろはにほへとちりぬるもをし

以上であるが、興味深い内容を持っていることがわかる。というのも、医者たるための指南書のようでもあり、心得にも通じた内容である。純然たる医学書ではないが、南冥の心意気を感じ、一種戯作に託した医学論のように思われてならない。

十・四——亀井学と『論語語由』

亀井学（亀門学ともいう）とはどのような学問であったのか、簡単な整理をしておこう。南冥の生涯をたどれば、徂徠学派の系統にあることは何度も述べてきたが、徂徠が提唱した学問方法と異なるところがある点は、南冥の中心的な著作『論語語由』を繙いていかなければならない。

まず、全般的に捉えていくと、やはり徂徠の学問とはやや異なるところがある。さらには当時の中心である朱子学とも違っている。徂徠の『論語徴』との若干の比較については後述するが、南冥が朱子学を批判する視角はやはり徂徠から学びとったものである。

徂徠学の特徴は、理性に対する感性の復権を説き、時流（時世）にかなった政治理念や生活規範を尊重するもので、朱子学への「激辞を弄す」ほどの批判が見られる。徂徠を反朱子学へ導いたのは伊藤仁斎である。だが、徂徠は仁斎に対しても批判を行った。孔子の道を先王の道として捉え、安天下の道でなければならない、との主張は有名である。しかも古文辞を知らなくては、聖人の道を明らかにできないというのである。

しかしながら、南冥・昭陽父子の見るのは、確かに一部そのようなところもないではないが、『論語』は、「聖人が活物を活用する書」であり、人間形成の一書であるとする。この「活物」は、朱子では道理を活性化するという意味で、徂徠は「天地日月はみな活物なり」というように、天地の運行のたゆみないことを表現したにすぎないと言う。しかし、亀井学ともなれば、それは『論語』を通して孔子の言動を追体験していき、孔子の胸の鼓動を生き生きと現在の我々の鼓動として受けとめなければならないものであるとする。したがって、孔子の生きざまにあやかりつつ、自己流にそれぞれの生涯を精一杯生きていけばよいとする。そして、「忠信を主として自らを欺かない」ことを要として、時流に迎合せず、ただひたすら孔子と直結した学問に没頭することで、それを後世に残していこうとするものであると言う。『論語語由』そのものの内容ではなく、その成立や南冥のこの著作にかけた情熱とも言うべきものについて、少しばかりではあるが見ていくことにしよう。

まず、この「語由」とは、昭陽の『家学小言』で、次のように述べている。


語由とは、聖語（孔子の言葉）の由りて出ずる所を明らかにするなり。政を問うは一なり。而れども語るに臣を諭すを以てするは、其の臣に三桓有るに由るなり。語るに財を節するを以てするは、其の君に険徳無きに由るなり。語るに近きは説び遠きは来たるを以てするは、其の民に離心有るに由るなり。此く夫子の自ら言い自ら釈す者、之を語由と謂う。語語必ず由有り。独り求めや之を進め、由や之を退くのみにあらず。時事は恒に変じて、而も人心は同じからず。故に仲尼の人と語るに、また固なく必なく、語語みな活動す。故にその由を知らざれば、則ち活物を見て以て死物となす。ここを以て大いに錯《あや》まる。

こうして南冥が参考にした『論語』の注釈書は、朱子、伊藤仁斎、太宰春台、中井竹山らのものであった。

この『論語語由』が成ったのは、南冥が廃黜させられた翌年の一七九三（寛政五）年のことである。三十年にわたり研究し、完成はしたものの、その苦心について、そしてその内容についての意見を友人である島田藍泉に求めている。書簡（同年十二月十一日）には、次のようにある。

……語由已ニ昨日卒業、語徴より余程大帙ニ相成申し候。玄晏之御許容別而忝奉存候。願クハ皆縣御目、御評教を受度奉存候へ共何分不能其儀、此節先進之内難章三縣御目候。

御翫味可被下候。勿論思召寄ハ少も御遠慮なく可被仰聞候。諸註家之称呼等朱熹・茂卿といたし候ハ甚以慮外とも奉存候へ共、安国以下皆〻名称いたし候へハ至後人、宇之号之もいか丶とも被存候。是も児昱・門人なと丶得と論定いたし可申と存居申候。江・山輩江存寄を存分いハセ後人ニ議せられぬ覚悟ニ居申候条、何様之事も被仰聞可被下候。斯道詩文章ハ一人之事ニ而ハ無御坐候。格別辞譲すへき事とは不被存候。論語徴なとハ門人なとニうたせたる書とは見へ不申候。全体疎謬且ハ未定之冊子と相見申候。幸ニかくまて御隔意なく御交申候へハ右御論評ハ深御願申上候。……

率直に批評してもらいたいとの意向が窺えるものになっているが、苦心の労作ではありながらも、誰一人かえりみる者がいなかったということである。

かねてより南冥父子を重用していた秋月藩の黒田長舒のはからいもあって、長舒の「序」を巻頭に、『南冥先生著　論語語由　秋月府蔵梓』として出版されることになる。長舒は、「持論高古、名義精実、これを経世の用に施し左右その原に逢う者は徴と語由これあるや」として、荻生徂徠の『論語徴』と南冥の『論語語由』のみだと述べている。

では、その『語由』の特徴を南冥自身どのように捉えているか、『論語語由』の「凡例」から見てみることにしよう。『論語』が漢魏以降、さらに物茂卿（徂徠のこと）までその説くところが異なっているが、それは大同小異だとして定まっていないとする。

論語を注する者は、孔包馬鄭より以て本朝の諸儒先生に至るまで、無慮数十百家なり。論語を誦して事業を問わず、唯理義をこれ講ずる者は、人これを孔門の学と謂う。吾は信ぜざるなり。

このように述べるのは、朱子学のような性理学的・観念的・形而上学的な解釈をしてしまったのが後人の人々であるため、このような内容に依拠することなく、『論語』を通して『論語』そのものから学んでいこうとするのが、南冥の学問方法なのである。

論語、専ら古を語るも、意は時を傷むにある者あり。全く今を語るも、意は古を慕うにある者あり。語深きに似て実は浅き者あり。語気軽淡にして、意は至って重き者あり。陽には甲を語るも、陰には乙を戒むる者あり。語ここにあるも、意は彼に隠るる者あり。遜《ママ》言にして教を寓する者あり。明言して以て実を示す者あり。令語して戯に似たる者あり。託言して正意を露わさざる者あり。

書かれた内容を例示しながら説明を加えているのであり、『論語』の解釈については、その様々な内容を語っている言葉が、何によるものであるかを知らなければならないとも言うのである。

凡そかくの如き類は、語の由りて出づる所を知りてその義得ていうべし。語由を作る所以なり。

こう述べるところは、やはり徂徠の『論語徴』に近いものがありはしないだろうか。徂徠といえば、古文辞学の祖として『論語』もそのような方法で読んでいくことを語っている(『論語徴1』小川環樹訳注、平凡社、二〇〇三年)。

……古文辞を学ぶこと十年、稍稍にして古言有るを知る。古言明らかにしてのち古義定まり、先王の未知、得て言ふべき已《のみ》。……故(訓詁学のことを指すらしい)あり、義あり、指《し》摘《てき》するところあり、みな諸を古言に徴す。ゆゑに合してこれを命じて『論語徴』と曰ふ。

徂徠はこのように、『論語徴』巻頭にある「題言」に記している。そして、様々な文献をはじめ、『論語』から引用しながらも、自らの立場を明確にしているのである。これを意識的に踏襲し、またそれとは異なる立場から『論語』を解釈し直したのが、南冥の『論語語由』である。

ただ、その際、最も指摘され問題視されているのが、『孔子家語』からかなりの引用が見られることである。この『孔子家語』は、従来から偽書ではないかと疑問視されており、次々と中国古典との重複を示しているのであって、かなり難しい判断を迫られている書である。二十一世紀の近年、夥しいほどの発見はあるものの、やはり慎重に考慮すべきところである。この点、『論語』を「最上至極宇宙第一の書」とした伊藤仁斎もそうであるし、ましてや荻生徂徠もまたこの『孔子家語』を信用していなかったことからして、南冥の特徴であるとともに、問題点でもあると言えなくもない。したがって、南冥がどの程度に『孔子家語』の真偽を判断していたのかも疑問が残るし、こうした点の考証が今後とも必要になると言えよう。

ただ、言えることは、『孔子家語』に依拠するといった新しい視点が南冥にはあったのではないか。現在の立場でも多くの論議を残している『孔子家語』だが、それを肯定し、否定もしていない南冥の態度には、いわばある程度の考えがあったと思われる。『論語』の解読においてこれほどの注意深い内容を持つことになった『孔子家語』を中心に、『論語』を講述したことに対しては感銘を覚えるだけでなく、それとともに南冥が解明してみせた『論語』そのもののあり方が探求されてよいであろう。ここに、儒者としての南冥が理解しようとする『論語』に対する解釈は、徂徠や仁斎の立場と違って、別の新しさを与えているのではないだろうか。

そこで、やや横道に逸れるかも知れないが、では仁斎はどうであったか、ほんの一部であるが見ておくと、仁斎の立場は古義学であるため、『論語』だけでなく、『孟子』も重要であるとしている。彼の『論語古義』の総論に、次のような箇所がある（『日本の思想十一　伊藤仁斎集』木村英一編集、筑摩書房、一九七〇年）。

……論語の最も尊ふして高く六経の飢えに出づるを知らず。或は学庸を以て先とし、論孟の二書、徹上・徹下、また余蘊無きことを知らず。夫子の道、終に大いに天下に明かならざる所以の者は、蓋し此れが為の故也。愚天の霊によつて、千載不伝の額を語孟二書に発明することを得たり。故に敢て鄙見を攄《の》べて、少しも隠諱せず。臆説に非ず。

仁斎の言説のほんの一部であるが、『論語』と『孟子』の二書によって孔子の道を明らかにしようとするもので、積極的に自己の見解を明らかにし、それが単に推量としての意見でないことを述べるのである。

徂徠の古文辞学と仁斎の古義学それぞれの立場に違いはあっても、これまた南冥の説く学問にも異なるところがある。しかしながら、『論語』を『論語』そのものを通して学ぼうとする態度こそが南冥の特徴であり、かつまた徂徠が朱子などを批判するが、その批判に対しての反批判もあるといった内容になっているのも事実である。しかも、孔子とほぼ同時代の文献をも駆使しながらの叙述は、傾聴に値するものがあると言えるだろう。

日本思想史の立場からすれば、南冥の『論語語由』の注釈は、それほど重要視されているわけではない。しかし、当時の儒者たちが『論語』に対して自らの解釈を施していることからすれば、仁斎、徂徠のような傑出した人物ではなくとも、『論語』すべてに注釈を施すことは難しいものがある。南冥においてもそれは同様であったと言えるだろう。江戸期の当初に儒学が受け容れられ、盛んになっていき、しかも儒学自体を自らのものにしようとした思想史上の展開を考える際に、活きた内容として『論語』を「活物」たらしめようとした日本人の心とも言えるものが南冥の『論語語由』にはあると考えられる。

この流れは、朱子学のように形而上学とも言える内容そのものよりも、もっと具体的に儒学を日常生活、さらには当時の支配者のためだけでなく、自らのあり方生き方への指標を見出していこうとするものではなかったろうか。時代が時代だけに、それを打破するような思想は、西洋思想との比較からすればなかったと言える（西洋では、『聖書』に自らの思想の根拠を求めるものの、同じ古典を大切しながら、『論語』のように古典一書に対して思想家により追求されたものは少ない)。しかし、日本における状況からすれば、依拠していく際の思想の根拠に中国の古典が大きく影響を与えたのである。その代表的な書が『論語』である。『論語』には人としての生き方を教えるものがあり、徳のあり方は日本人の心の中に浸透した。日本の多くの儒者たちは『論語』と向き合うことで、これを自らの糧としたのである。

南冥の説く『論語語由』に対して昭陽は、『論語語由述志』を著すことで、『論語語由』にある古注を依りどころとし、徂徠学を明らかにするとともに、さらに南冥の学問を継承し、『論語語由』の大切さ及び徂徠学の確かさを述べていくことになる。したがって、南冥のものだけを読むのではなく、昭陽のものと一対のものとして読んでいくことで、その意義なりを発見することができる。

その後も『論語語由』に対する思いとも言えるようなものは、継承されていく。

一例として、明治の時代に官界を去り、民間にありながら日本の近代化に貢献した渋沢栄一(一八四〇～一九三一)の『論語講義』は、実業家でありながらも、『論語』を自家薬籠中のものにした書である。よくいわれるのは、渋沢にあっては「論語と算盤」として有名であり、その彼が、一八八〇(明治十三)年に大阪の書肆聚文堂から出版された『論語語由』(引用・参照文献一―(3)、これは版木を後に但馬出石藩に譲渡したもの）を、一九一九（大正八）年に同一の版式でもって刊行しているのである。

出版することになった経緯は、渋沢は北九州の安川電機を設立した安川敬一郎（一八四九～一九三四）と親しくしており、安川の所有していた『論語語由』を借りて読んだことに始まる。彼は「瞻望《せんぼう》せし所のものを得たる」としていたく感動したという。

例えば、渋沢栄一が『論語語由』に触れている箇所を見ると（以下、渋沢栄一講述『論語講義』二松学舎大学出版、一九七五年）、『論語』学而第一の「学而時習之不亦説乎……」において、「筑前の学者亀井道載翁の著、論語語由に拠って見ても、本章は人の処世上頗る大切な教訓である」とある。また、先進第十一の「柴《さい》や愚、参や魯、師や辟《へき》、由や喭《げき》」、「子曰く、回やそれ庶《ちか》からんか。しばしば空し。賜は命を受けずして貨殖す。億《おもんぱか》れば則ちしばしば中る」の箇所において、次のように述べている。「……太宰春台及び亀井南冥は、これを合して一章となす。南冥の説に曰く『子曰の字、中間にあり。これ変文なり。例は上章及び宰昼寝章（公冶長篇第九章）と同じ。冉有宰我曁《およ》び四子みなこれを名いふ。夫子の辞たる明《あきら》けし。柴也以下の四言、独り性蔽をいふ。回也以下二言、その事をいうてしかして性その中にあり。人を論ずるは一なり、然れども造語同じからず。故に中間、子曰の二字を挟《さしはさ》んで、以てこれを點粧《てんそう》す。古人、文を作る、心を用ふる精妙、勝《あえ》ていふべけんや』と。この説、従ふべし」

とあり、全面的に信頼することで、南冥の説を取り入れている。ここにも渋沢が『論語語由』を信頼しているといえる証拠がある。

最後に、現代において『論語』の全訳注として参考になるものは多々あるが、加地伸行全訳注『論語』（講談社学術文庫、二〇〇四年）もまた同様である。この本には引用・参考文献として『論語語由』が掲げられていることだけを述べておきたい。

それにしても、『論語』の多くの注釈書が著されている中で、南冥の『論語語由』はさらに研究されるべき一書にほかならない。

亀井南冥略年譜

西暦	元号	齢	亀井南冥関係事項	関連事項—（ ）日本／〔 〕世界
一七四三	寛保3	1	八月二十五日、福岡市西区姪浜の忘機亭に生まれる（父聴因四十歳、徳三十歳）。	
一七四七	延享4	5		太宰春台死去。
一七五〇	寛延3	8	七月一日、弟の曇栄が生まれる。	島田藍泉出生。〔モーツァルト出生〕
一七五二	宝暦2	10		山県周南死去。
一七五六	6	14	肥前蓮池（現在、佐賀市）の僧大潮（八十歳）に入門。徂徠学に触れる。	後に門人となる江上苓州出生。
一七五九	9	17	僧大同と長崎に遊ぶ。『瓊浦草』が成る。	
一七六一	11	19	春、永富独嘯庵と長崎に遊ぶ（また、熊本にも遊ぶ）。弟曇栄が大潮に入門。	
一七六二	12	20	上京して吉益東洞について学ぶが、直ちに去る。	（安藤昌益死去）〔ルソー『社会契約論』〕
一七六三	13	21	大坂に赴き、永富独嘯庵に師事して医学を学ぶ。福岡に帰る。聴因の六十歳を祝う。	〔米、パリ条約で仏の北米植民地を英に割譲〕

			五月、永富独嘯庵の著作『漫遊雑記』に序を書く。十二月、朝鮮通信使（韓使）と藍島で接見、応酬唱和して文名をあげる。『泱泱余響』を作る。	
一七六四	明和元	22	父聴因とともに福岡城下の唐人町に転居して開業。儒学の講義所である蜚英館（南冥堂）を開く。	〔ハーグリーブスがジェニー紡績機を発明〕
一七六六	3	24	永富独嘯庵が亡くなり、永富充国（九歳）の養育を託される。	
一七六八	5	26	長崎に遊ぶ（三度目）。	
一七六九	6	27		福岡藩主黒田継高隠居、一橋家から第二子の治之（十八歳）が養子となる。（賀茂真淵死去）
一七七〇	7	28	父聴因、失明（六十七歳）。	大潮死去。
一七七一	8	29	門人三名を同行して熊本に遊ぶ。	
一七七二	安永元	30	長崎に遊ぶ（四度目）。富（脇山姓、二十五歳）と結婚。	（田沼意次、老中となる）
一七七三	2	31	八月十一日、昭陽（昱太郎）が生まれる。聴因の七十歳を祝う。徳山藩士青木和卿が訪れる。	〔米、ボストン茶会事件〕
一七七四	3	32	八月十八日から十月十二日、門人緒方周蔵を同行	（杉田玄白『解体新書』）

			させて久留米・柳川・熊本・鹿児島に遊ぶ。『南游紀行』にまとめられる。次男大壮が生まれる。	黒田継高死去。〔アメリカ独立革命始まる〕
一七七七	安永6	35	二月十一日から四月六日、京都に遊ぶ。上京の途次、徳山において島田藍泉に会い、終生の友となる。三男大年が生まれる。	青木和卿死去。
一七七八	7	36	五月八日、藩主黒田治之の特命で、藩儒医として兼帯を認められ、十五人扶持となる。藩主の侍講を勤める。江上苓州（二十一歳、一七五六～一八二〇）が門人となる。曇栄、崇福寺八十六世となる。	
一七八〇	9	38	五月十三日、父聴因が没する（七十七歳、法名潮因道善居士）。	藩主黒田治之死去、京極家第四子治高が藩主となる。
一七八一	天明元	39	『肥後物語』が成る（『半夜話』もこの頃か）。	〔カント『純粋理性批判』〕
一七八二	2	40		藩主黒田治高死去、徳川家の第三子斉隆が藩主となる（六歳）。（一八二一～八七、天明の大飢饉）〔『四庫大全』完成〕

一七八三	天明3	41	五月十八日、御納戸組となり給知百五十俵を得る。 六月十三日、竹田定良とともに藩主黒田治之の興学の遺命を伝えられる（西学問所開校が認められる——南冥の建議の結果によるもの）。 十一月一日、学問所建築の書状を受ける。 十二月十八日、西学問所（甘棠館）の上棟。	
一七八四	4	42	二月一日、甘棠館落成。祭酒（館長）となり孔子を祭る。 二月二十三日、志賀島において金印出土、鑑定書である『金印弁』を執筆。 門人江上苓州（二十七歳）が儒官となる。	二月六日、東学問所（修猷館）開校。 原古処が門人となる。
一七八五	5	43	昭陽（十三歳）を伴い秋月藩黒田長舒（朝陽）に謁し、以後、毎月講義をする。	徳山藩校鳴鳳館開設、藍泉が教授に登用される。
一七八六	6	44	門人山口主計が十人扶持の儒官となる。	
一七八七	7	45	二月十五日、一五〇石となる。 三月、「岡県白島碑文」を作る（曇栄の書）。 『春秋左伝考義』の執筆にとりかかる。	（天明の打ち壊し、松平定信が老中となり、寛政の改革が始まる〜九三年） （二宮尊徳出生）
一七八九	寛政元	47	「太宰府旧址碑文」を作り自書するが、建碑を許可されない。 京都の書肆から詩集を出版する企画がある。	

一七九〇	寛政2	48	十月二十二日、母徳が没する（七十七歳）。昭陽（十八歳）が諸生の長となる。	五月、寛政異学の禁。十一月、南冥の後援者久野外記（一親）死去。
一七九一	3	49	昭陽、藍泉に会う。昭陽の『成国治要』に序を書く。高山彦九郎（一七四七～九三）と交流か。	
一七九二	4	50	七月十一日、甘棠館祭酒を免ぜられる（南冥は終身禁足を命じられる）。独楽園にこもり医業に専念。昭陽（二十歳）が儒官（訓導）となり家督を継ぐ。	西学問所の主宰は江上苓州、広瀬淡窓（十一歳）が門人となる。（林子平の禁固、ラックスマンが根室に来航）（『紅楼夢』刊行）
一七九三	5	51	『論語語由』全十巻完成。	高山彦九郎自害。
一七九四	6	52	『論語撮要』二巻を著す。	
一七九五	7	53	『語由補遺』が成る。十二月十五日、昭陽（二十三歳）が早船伊智と結婚。	藩主黒田斉隆死去（十一歳）。斉清が継ぐ。
一七九六	8	54	広瀬淡窓が昭陽と面会、南冥は詩を教える。	（白蓮教徒の乱（～〇四）、ジェンナーが種痘法発見）
一七九七	9	55	南冥と淡窓の面会。淡窓の入門。	
一七九八	10	56	一月十九日、唐人町の火災で甘棠館類焼（亀井家のすべての建造物を焼失）。二月十八日、昭陽の長女少琹が誕生。	

			六月、廃校の命が下り、昭陽・苓州ら儒官を免ぜられる。その後南冥・昭陽ともに姪浜に居を移す。	
一七九九	寛政11	57	昭陽、唐人町に新築。	広瀬淡窓、日田に帰る。
一八〇〇	12	58	正月元旦、再び唐人町の出火により類焼、百道林に移る。 昭陽の『古伝概』が成る。	（伊能忠敬が蝦夷地を測量）
一八〇一	享和元	59	昭陽、百道林に新築。 南冥のために五月十五日、草香江亭ができあがり移り住む。隣地に家塾を営む。	（本居宣長死去）
一八〇二	2	60	昭陽の『古序翼』が成る。 帆足万里（二十四歳）が来て南冥と面会。 八月二十五日、六十歳の誕生を祝う。 昭陽の『字例術志』七巻が成る。	
一八〇四	文化元	62	太宰府に遊ぶ。	（ナポレオン法典成立） （レザノフが長崎に来航）
一八〇五	2	63	昭陽に長男蓬州（義一郎）が誕生。 仙台の大槻民治が来て南冥と面会。	
一八〇六	3	64	秋月藩主黒田長舒の後援により『論語語由』刊行される。 九月、昭陽が秋月藩の参勤交代により江戸に赴く。	
一八〇七	4	65	四月、昭陽が江戸から戻る。 六月二十五日、妻の富が没する（六十歳）。	十月十六日、黒田長舒死去。 （ヘーゲル『精神現象学』、フィ

				ヒテ「ドイツ国民に告ぐ」
一八〇八	文化5	66	昭陽の次男暘州が生まれる。	（間宮林蔵が樺太探検）
一八〇九	6	67		島田藍泉死去（五十九歳）。
一八一〇	7	68	寿蔵（存命中に建てる墓）を造り、自書する。	〔ベルリン大学創立〕 〔ウィーン会議始まる〕
一八一二	9	70	五月二十日、昭陽の三男大年没する（三十六歳）。	
一八一四	11	72	原因不明の出火により三月二日、自宅の火災で焼死（福岡市中央区地行の浄満寺に葬られる）。	

（注）年譜作成にあたっては、引用・参照文献二―(6)・(7)をはじめ、(8)に挿入されていた略年譜をも参照した。また、その後において(33)の文献がかなり詳しいため、これをも参照し、追加したものもある。

引用・参照文献

引用・参照とした文献として、原典資料関係と研究書並びに論文などを左記に掲げておく。

一　原典資料関係

(1)『亀井南冥・昭陽全集』全九巻、葦書房、一九七八～八〇年
第一巻（南冥）論語語由／語由補遺／春秋左伝考義／孝経正文／金印弁／学問稽古所御壁書第一條／蜚英館学規／甘棠館学規／南冥問答／古今斎以呂波歌／肥後物語／半夜話／南游紀行／太宰府碑／泱泱餘響／千秋翁行状
第二巻（昭陽）周易僭考／毛詩考／古序翼
第三巻（昭陽）左伝纉考
第四巻（昭陽）左伝纉考
第五巻（昭陽）礼記抄説／学記抄説／論語語由述志／孟子考／大学考／中庸考／孝経考
第六巻（昭陽）蒙史／菅公略伝／読弁道／蕿文絮談／家学小言／成国治要／傷逝録
第七巻（昭陽）烽山日記／空石日記
第八巻・上（南冥）亀井南冥詩文集／亀井南冥書簡集／万暦家内年鑑
第八巻・下（昭陽）亀井昭陽詩文集／亀井昭陽書簡集

＊各巻のそれぞれの「解題」も参照

(2) 亀井道載撰　明治翻刻『論語々由』全四冊、阪府桑林堂、一八七九年
(3) 南冥亀井先生著『論語語由』全十冊、大坂書林、華井聚文堂、一八八〇年
(4) 亀井南冥著『論語語由』（上）解説石川泰成、中国書店、二〇〇四年
(5) 亀井魯道載著『南冥問答』編集兼発行者高木繁、一九三六年
(6) 亀井南冥『金印弁』（大谷光男編著『金印研究論文集成』所収、新人物往来社、一九九四年）
(7) 亀井昭陽『読辨道』（日本思想大系三七『徂徠学派』所収、岩波書店、一九七二年）

二　研究書・論文

(1) 高野江基太郎「勤王家として南冥先生（承前）」（『筑紫史談』第二集、一九一四年）
(2) 高野江基太郎「亀井南冥、昭陽と、青木興勝」（『筑紫史談』第三集、一九一四年）
(3) 高野江基太郎「南冥と昭陽の著作」（『筑紫史談』第四集、一九一四年）
(4) 山田新一郎「亀井南冥家と原古処家」（『筑紫史談』第四八集、一九二九年）
(5) 山田新一郎「亀井南冥家と原古処家（二）」（『筑紫史談』第四九集、一九三〇年）
＊(6) 高野江鼎湖著『儒俠亀井南冥』著作者兼発行者高野江基太郎、一九一三年
＊(7) 荒木見悟著『亀井南冥・亀井昭陽』（叢書・日本の思想家二七）明徳出版社、一九八八年
＊(8) 荒木見悟著『亀井南冥と役藍泉』徳山市立図書館双書第一〇集、一九六三年
＊(9) 荒木見悟著『島田藍泉伝』ぺりかん社、二〇〇〇年
(10) 『福岡県史　通史編　福岡藩文化(上)』一九九三年

⑾＊庄野寿人編著『江河万里流る――甦る孔子と亀陽文庫』（財）亀陽文庫・能古博物館、一九九四年
特にこの中で、次のものを主として引用・参照した。
・荒木見悟「亀井学の特色」
・黄　錦鋐「亀井南冥『論語語由』の体例」
・竹村則行「詩人南冥」
・海老田輝巳「渋沢英一と『論語』」
⑿町田三郎著『江戸の漢学者たち』研文出版、一九九八年
⒀＊庄野寿人著『亀井南冥と一族の小伝』亀陽文庫、一九七四年
⒁早船正夫著『儒学者　亀井南冥・ここが偉かった』花乱社、二〇一三年
⒂岡村　繁「僧大潮と近世九州の漢詩壇」（堂前亮平・狩野啓子編『九州学を楽しむ』所収、おうふう、一九九四年）
⒃栗島行春著・訳注『医聖永富独嘯庵』農山漁村文化協会、一九九七年
⒄立花　均「古医方家・永富独嘯庵の医術修行論」（『日本思想史学』第一六号、一九八四年）
⒅＊前田　勉著『江戸の読書会――会読の思想史』平凡社、二〇一二年
⒆三浦佑之著『金印捏造事件』幻冬舎新書、二〇〇六年
⒇深町浩一郎著『広瀬淡窓』（西日本人物誌一五）西日本新聞社、二〇〇二年
(21)前田　淑「福岡藩儒者亀井家の系図をめぐって」（『福岡地方史懇話会会報』第三号、一九六六年）
(22)井上　忠「亀井昭陽の『空石日記』について」（『福岡地方史懇話会会報』第一〇号、一九七〇年）
(23)井上　忠「南冥晩年の一書簡について」（『福岡地方史懇話会会報』第一七号、一九七七年）

(24) 井上　忠「亀井南冥の役藍泉あて書簡」(『九州文化史研究所紀要』第二〇号、一九七五年)
(25)＊井上　忠「亀井南冥と竹田定良――藩校成立前後における」(『福岡県史　近世研究編　福岡藩㈣』所収、一九八九年)
(26) 辻本雅史「寛政期一異学者の思想――亀井南冥について」(『京都光華女子大学光華紀要』一七号、一九七九年)
(27) 辻本雅史「福岡藩寛政異学の禁と亀井南冥――徂徠学の「主体」の問題に関連して」(『立命館文学』第五〇九号、一九八八年)
(28) 荒木見悟「亀井南冥と島田藍泉――海峡を越える友情」(『西日本文化』三五七号、一九九九年)
(29) 大庭卓也「九州大学蔵『島田家資料』目録考(二)――書簡の部」(『中国哲学論集』二七号、九州大学中国哲学会、二〇〇一年)
(30) 大庭卓也「九州大学蔵『島田家資料』目録考(三)――雑・藍泉追悼詩文の部」(『中国哲学論集』二八・二九合併号、九州大学中国哲学会、二〇〇三年)
(31) 吉田洋一「亀井南冥の医学思想」(『洋学史学会研究年報』洋学八、二〇〇〇年)
(32) 吉田洋一「福岡藩の医学――亀井南冥を中心に」(東アジア地域間交流研究会編『から船往来』所収、中国書店、二〇〇九年)
(33)＊吉田洋一「亀井南冥年譜考」(『比較文化研究』第四十二・四十三輯、久留米大学、二〇〇九年)
(34) 八木清治「十八世紀後半における旅と情報ネットワーク――橘春暉・亀井南冥・高山彦九郎の交流をめぐって」(『福岡女学院大学紀要』第三号、一九九三年)
(35)＊八木清治「亀井南冥廃黜事件考」(『武蔵大学人文学会雑誌』第二九巻第一・二号、一九九七年)

(36) 石川泰成「亀井南冥・昭陽の中国古典学」(『九州産業大学公開講座一七　多文化社会への眼差し』所収、九州大学出版会、二〇〇〇年)
(37)* 石川泰成「亀井南冥と朝鮮通信使との応酬唱和をめぐって」(『九州産業大学国際文化学部紀要』第二〇号、二〇〇一年)
(38) 横田武子「朝鮮通信使と益軒・春庵・南冥の唱和」(『福岡地方史研究』第四八号、福岡地方史研究会、二〇一〇年)
(39)* 立岡裕士「亀井南冥の『南游紀行』――その鹿児島のイメージ」(『徳島地理学会論文集』四、二〇〇〇年)
(40) 塩屋勝利「「漢委奴国王」金印をめぐる諸問題(上)」(『福岡地方史研究会会報』第二四号、一九八五年)
(41) 塩屋勝利「亀井南冥と金印」(大谷光男編著『金印研究論文集成』所収、新人物往来社、一九九四年)
(42) 塩屋勝利「金印出土状況の再検討」(大谷光男編著、同前書所収)
(43) 田中弘之「「漢委奴国王」金印の出土に関する一考察――亀井南冥の動静を中心に」(『駒澤史学』第五五号、一九九九年)
(44) 副島邦弘「金印発見と情報伝達について」(「地方史ふくおか」福岡県地方史研究連絡協議会会報、二〇〇四年)
(45) 寺師睦宗著『漢方への情熱』薬事日報社、二〇〇四年
(46)* 『淡窓全集　上巻』日田郡教育会、一九二五年及び『増補　淡窓全集　中巻』同会、一九七一年復刻版
(47)* 大久保正尾著『広瀬淡窓夜話』廣瀬先賢顕彰会、一九八〇年

(48)西村天囚著・菰口治校注『九州の儒者たち』海鳥社、一九九一年

叙述にあたっては、主として（＊）印の文献が中心であり、その多くをこれらの文献に負っている。できるだけわかりやすく、私自身、整理し、原典にあたりながら叙述したつもりである。記して感謝申し上げたい。また、その他多くの論文の内容にも目を通し、引用させていただいたことを記しておかなければならない。

これらの研究文献については、福岡市総合図書館及び九州大学中央図書館、福岡大学図書館、福岡県立図書館等々のお世話になったことを付記する。同時に、能古博物館にもお世話になった。「能古博物館だより」（第四十九号、第五十五号、第五十六号の林田慎之介「南冥と鎮西の漢詩人（一）（五）（六）」に当たる）からも引用・参照している。

なお、原典資料関係におけるそれぞれの「解題」も参照させていただいたのであるが、これについては省略した。

あとがき

本書は、勤務校で発行している『学友会誌』に九年（通算五十三号から六十一号）にわたり連続して書き続けてきた拙稿を一書としてまとめたものである。なお、発表時の内容に加筆・訂正を施している。その間にも文献収集して、不足していた部分などを加味することにした。

執筆しようとした主なきっかけは、三年生の自由選択科目「日本の文化・博多の歴史」を担当することになり、博多つまり福岡の歴史を追いながら通史のようにして展開した授業をしたのであるが、しかし、それだけでは興味がわかないだろうと思い、幾人かの人物を取り入れてみようとしたことにある。かつて共著『貝原益軒』（西日本新聞社、一九九三年）の一部を担当したこともあり、この度、福岡を代表する儒者である亀井南冥に少しばかり取り組んでみようとした結果である。また、庄野寿人氏（勤務校の卒業生）による「先賢に学ぶ」という福岡市教育センターでの講演に接して以来、南冥についての文献の収集を始めたのもきっかけの一つである。

南冥については、一九七八年に出版された『亀井南冥・昭陽全集』（葦書房）をすでに購入しながらも、ほとんど手をつけていなかったが、幸いにも勤務校で実際に授業をしなければならないとなると、少しずつではあるが、研究書や論文を収集することで南冥の全貌を描いてみたいという思いにいたった。それらを読み進めていきながら何とかまとめることができたと言える。

ただ、ここで一つだけ残念なことは、こうした作業については、かつては自宅での研修が認められていたが、それがいつの間にかまったくできなくなり、職免研修願を提出し、研修後はレポートを提出しなければならなくなった。いくら研修願を提出しても許可がすんなり下りることはなく、大いに困惑するばかりであった。さらには、夏期休業中であっても勤務時間内での課外補習などで忙しくなり、本当に自ら設定する研修時間が確保できなくなってしまっているのが実情である。少なくとも教育に携わる者としては、やはり自らの課題を設定し、それに邁進することも大切だと思うのだが、それさえ奪われている中での作業は、遅々として進まなかった。

幸いにも拙稿を読んで、今後の展開を期待してくれている人々に接したことは嬉しいかぎりである。そんな励ましをいただきながら、まとめてみたのが小著であり、これを今後の糧として自らの課題として取り組んでいきたいと思う。

そうした中で、本書は私が取り組んでいる思想史、ことに日本の思想に関する一つの結果でもある。

末尾になってしまい失礼ではあるが、多くの研究成果に負っているため、細かな注釈を施してはいない。引用・参照文献については、本来はその都度注記すべきところでありながらも、全体的に読み通していただきたいとの思いから、詳細を欠いていることの非礼をお許し願いたい。そして、それら文献に負っていることを記すことで、お世話になったことを感謝申し上げたい。

また、最後に本書の出版にあたり、花乱社の別府大悟氏には、拙い文章をはじめ多くの示唆あるご指摘を受け、大変お世話になったことを記すことで、感謝するしだいである。

二〇一三年九月

河村敬一

河村敬一（かわむら・けいいち）
1952年　福岡市生まれ
現在　福岡市立福翔高等学校教諭
　　　西南学院大学非常勤講師
著書：『思想と人間学』（甘棠社，1995年）
　　　『公民科教育研究序説』（甘棠社，1996年）
　　　『思想の世界を旅する――東西思想史ノート』（遊タイム出版，2002年）
　　　『東洋思想のなぐさめ』（創言社，2008年）など
共著：『貝原益軒』（西日本新聞社，1993年）
　　　『教育のなかの宗教』（新書館，1998年）など

亀井《かめい》南冥《なんめい》小伝《しょうでん》

❖

2013年10月25日　第1刷発行

❖

著　者　河村敬一

発行者　別府大悟

発行所　合同会社花乱社
〒810-0073 福岡市中央区舞鶴 1-6-13-405
電話 092(781)7550　FAX 092(781)7555

印刷・製本　有限会社九州コンピュータ印刷

[定価はカバーに表示]

ISBN978-4-905327-28-8